Gohl / Schönborn
Der Glacier-Express

Ronald Gohl
Hans-Bernhard Schönborn

Der GLACIER EXPRESS
St. Moritz – Zermatt

Rund um den langsamsten Schnellzug der Welt

SCONTO

Ronald Gohl, 1957 in Arlesheim bei Basel geboren, Verlagskaufmann, Fotograf und Journalist, lebt seit vielen Jahren im Berner Oberland. Er ist Herausgeber und Autor von über 40 Foto- und Sachbüchern. Seine besondere Vorliebe gilt der Natur, den Bergen und den Bahnen.

Hans Bernhard Schönborn, 1952 in Köln am Rhein geboren, lebt seit 1982 in der Schweiz und ist freier Journalist und Reiseveranstalter. Er gehört zu den Mitinitiatoren zur Rettung der Furka-Bergstrecke, ist regelmäßiger Mitarbeiter des Schweizer Bahn-Jahrbuchs und hat zahllose Beiträge in deutschsprachigen Fachzeitschriften und Buchverlagen zu den Themen Bahn und Reisen veröffentlicht.

Bildnachweis: s. S.143
Layout: Ronald Gohl
Herstellung: Gabriele Kutscha
Printed in India by Ajanta Offset

Die Deutsche Bibliothek – CIP- Einheitsaufnahme
Ein Titeldatensatz für diese Publikation ist bei der Deutschen Bibliothek erhältlich.

ISBN 3-86517-068-4

Inhalt

Eindrucksvolle Begegnungen mit der Natur: zum Beispiel im »Grand Canyon« der Schweiz, durch welchen der Glacier-Express zwischen Ilanz und Reichenau rollt.

Vorwort

VOR MEHR ALS 15 JAHREN war der Glacier-Express der Auslöser für meine Beschäftigung mit den Schweizer Bahnen, und er wurde zu einem Fixpunkt meines Interesses. Denn sehr bald stellte ich fest, dass die Zugkompositionen nach klaren Regeln zusammengestellt werden, sich aber in Details ständig verändern. Einerseits wird damit das im Laufe der Jahreszeiten wechselnde Fahrgastaufkommen widergespiegelt, andererseits werden aber auch die Bemühungen der Bahnen um Innovationen und Modernisierung klar gemacht.

So konnte ich beispielsweise mitverfolgen, wie die Furka–Oberalp-Bahn (FO) ab 1986 die HGe 4/4 I-Lokomotiven, die für mich ein Synonym des Glacier-Express darstellen, sukzessive durch die leistungsstärkeren HGe 4/4 II-Maschinen ersetzte – oder wie im gleichen Jahr der erste Panoramawagen auftauchte, der aus einem modernen Wagenkasten auf einem alten Unterbau bestand und zunächst als Wagen 2. Klasse (mit 10 Franken Zuschlag) verkehrte. 1988 wurde er zusammen mit drei Wagen gleicher Bauart zum erstklassigen »AS« und 1994 – nach Ablieferung der vom italienischen Designer Pininfarina entworfenen Aussichtswagen – zum »PS«. Während der Glacier-Express-Hochsaison kommt das Fahrzeug vor allem für Gruppen zum Einsatz. Auch die sogenannten Mitteleinstiegswagen der Brig–Visp–Zermatt-Bahn (BVZ) und die grünen Einheitswagen der Rhätischen Bahn (RhB), die Mitte der Achtzigerjahre noch das Bild des Zuges prägten, verschwanden allmählich. Die Gepäcktriebwagen der FO, die – häufig zusammen mit einem Steuerwagen – wegen Triebfahrzeugmangels auf dem Abschnitt Andermatt–Disentis vor Entlastungszügen zum Einsatz kamen, trifft man ebenfalls nicht mehr an. Heute wird das relativ einheitliche Erscheinungsbild in roter Farbgebung durch die blauen »Gourmino«-Speisewagen aufgelockert. Die beiden gemischtklassigen Wagen, die die FO 1988 beschaffte, kamen längere Zeit im Sommer als Kurswagen zwischen Zermatt und Davos Platz zum Einsatz, während sie an Werktagen im Winter die Relation St. Moritz–Reichenau-Tamins–Zermatt bedienten.

Und damit wäre ich beim Thema »Fahrgastfrequenzen«: Während im Winter täglich nur ein Zugpaar mit drei bis fünf Personen- sowie einem Speisewagen zwischen Zermatt und Chur bzw. St. Moritz verkehrt, sind in der Sommersaison vier bis sechs Zugpaare bei FO und BVZ unterwegs, was die Bahnen gelegentlich an die Grenzen ihrer Transportkapazität bringt.

Ebenso vielfältig und faszinierend wie der Fahrzeugeinsatz ist die Streckenführung durch wildromantische Schluchten, über zahlreiche Brücken unterschiedlicher Bauart, durch Kehrtunnels, über kurvenreiche Abschnitte mit und ohne Zahnstange, vorbei an winzigen Weilern mit Holzhäusern, denen man deutlich die Spuren von Wind und Wetter ansieht. Da gibt es aber auch stolze Dörfer mit ansehnlichen Bauernhäusern und regionale Zentren mit umfangreichen Industrieanlagen. All das soll im Folgenden in Wort und Bild dargestellt werden und Sie, liebe Leserinnen und Leser, dazu ermuntern, selbst die Reise mit dem »langsamsten Schnellzug der Welt« durch eine wunderschöne Gebirgswelt zu unternehmen.

Hans-Bernhard Schönborn

Vom langsamsten Schnellzug der Welt

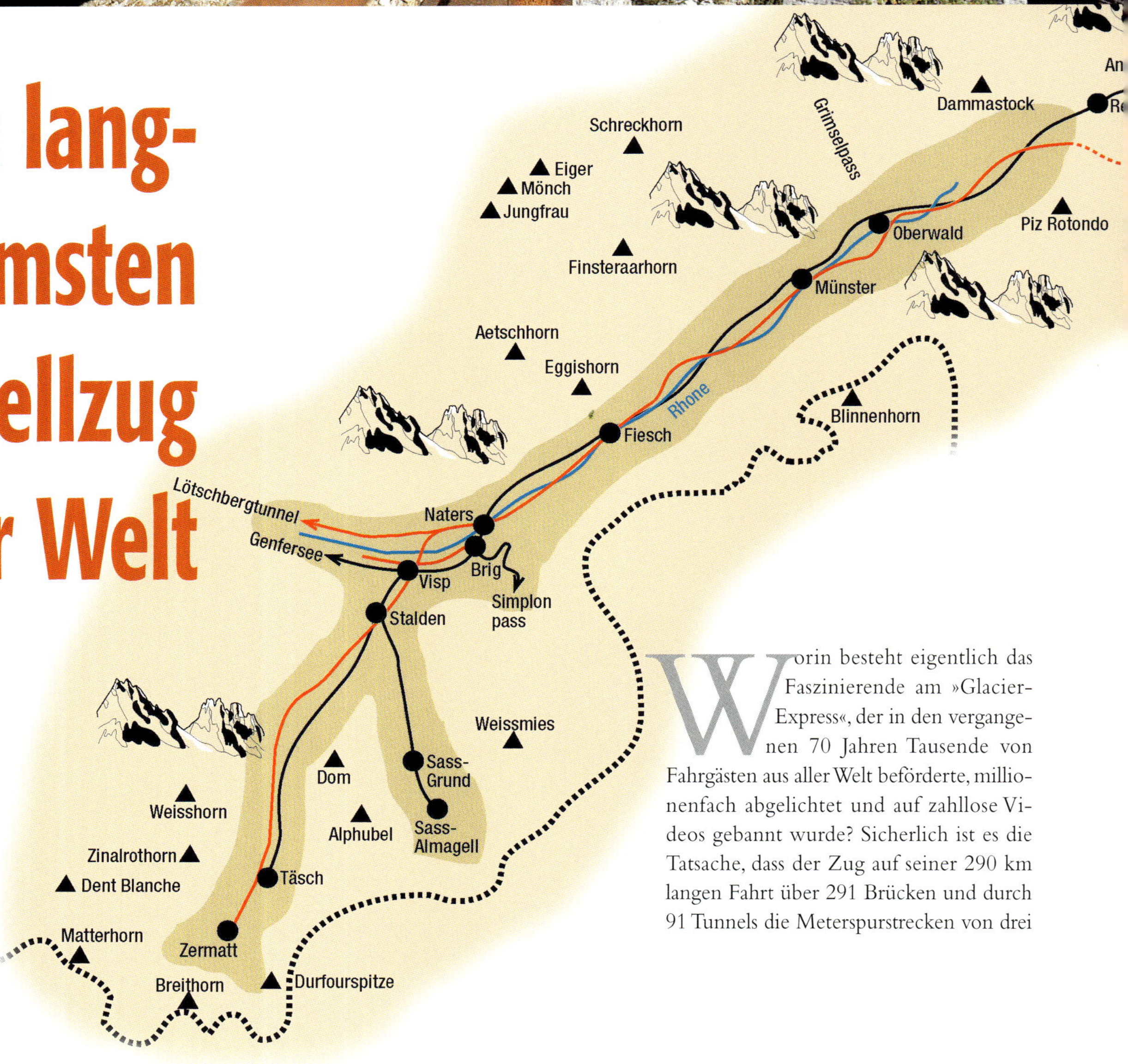

Worin besteht eigentlich das Faszinierende am »Glacier-Express«, der in den vergangenen 70 Jahren Tausende von Fahrgästen aus aller Welt beförderte, millionenfach abgelichtet und auf zahllose Videos gebannt wurde? Sicherlich ist es die Tatsache, dass der Zug auf seiner 290 km langen Fahrt über 291 Brücken und durch 91 Tunnels die Meterspurstrecken von drei

Bahngesellschaften befährt und dass die Brig–Visp–Zermatt-Bahn (BVZ), die Furka–Oberalp-Bahn (FO) sowie die Rhätische Bahn (RhB) gemeinsam das Rollmaterial stellen. Ein weiteres Merkmal besteht darin, dass die Bahnen stets ihre modernsten Fahrzeuge einsetzen: In den Dreißigerjahren waren dies die legendären »Krokodile« von RhB und BVZ, heute sind es Hochleistungsloks der neuesten Generation. Bis zum Zweiten Weltkrieg verkehrten Salonwagen, heute ermöglichen Panoramawagen einen fast grenzenlosen Blick in die Landschaft.

Und diese Landschaft ist von unvergleichlicher Schönheit: Es beginnt mit den Zermatter Bergen, gefolgt von dem Felssturz bei Randa und den von der Mattervispa durchflossenen Schluchten. Das Mattertal öffnet sich mit sonnigen Rebhängen zum Rhonetal mit der Industriestadt Visp und dem Verkehrsknotenpunkt Brig. Danach steigt die Strecke zur Rhonequelle empor, die man heute vom Zug aus nicht mehr sieht. Das Hochtal zwischen Realp und Andermatt ist ein Wintersportzentrum und der Kreuzungspunkt von zwei Verkehrsachsen. Nach dem kurvenreichen Aufstieg zum höchsten Punkt der Strecke, dem Oberalppass, geht es nach Disentis mit dem bekannten Kloster hinunter und weiter zum nächsten grandiosen Landschaftserlebnis, der wilden Rheinschlucht, dem Ergebnis eines urgeschichtlichen Felssturzes. Nachdem in Reichenau-Tamins Vorder- und Hinterrhein zusammengetroffen sind, kündet sich Chur mit großflächigen Industriezonen an. Nach dem Albula-Tunnel erreicht der Zug das vom jungen Inn durchflossene Oberengadin mit dem mondänen Kurort St. Moritz.

Wenn der Glacier-Express mit seinem modernen Rollmaterial über den Landwasser-Viadukt (links) fährt, schlagen die Herzen der Eisenbahn-Fotografen höher. Doch auch den Fahrgästen hinter den großen Panoramascheiben bietet sich ein grandioses Bild.

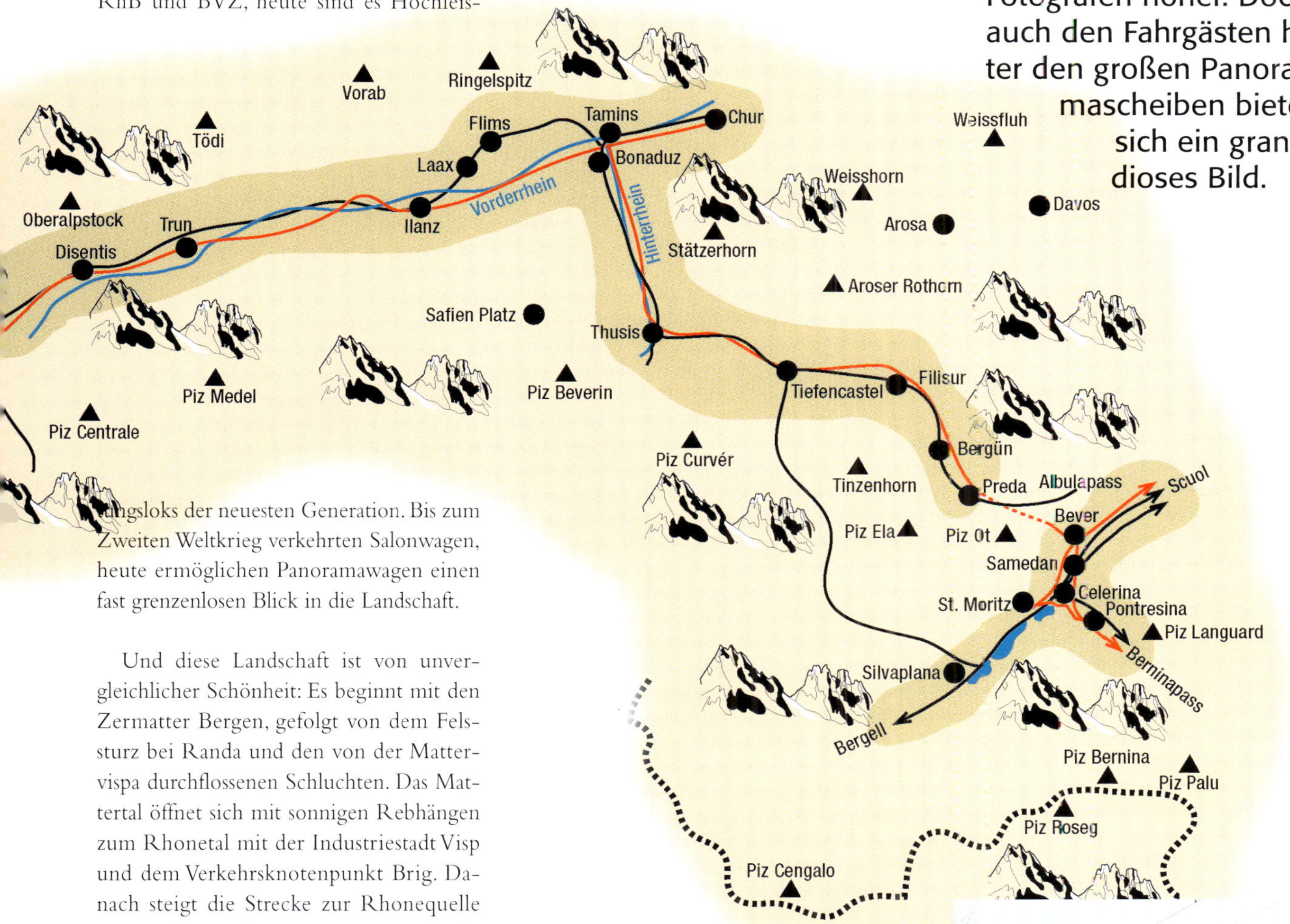

Dass der Glacier-Express drei Kantone mit großer geschichtlicher Bedeutung, aber unterschiedlicher Kultur durchfährt, dürfte eine weitere Faszination bedeuten.

Der Glacier-Express, gezogen von einer Ge 4/4 III der RhB in Vollwerbung, fährt durch den Bahnhof Celerina.

So wird Reisen zum Erlebnis: Die von leistungsstarken Loks gezogenen Panoramawagen (rechts oben) sind »erstklassig« eingerichtet und bieten einen fast grenzenlosen Ausblick (großes Bild). Im Speisewagen ist hervorragender Service garantiert.

Wie alles begann ...

Aus den Anfängen des Glacier-Express mit dem »Zahnrad-Krokodil« der BVZ.

Info

Fahrzeiten im Vergleich:

1927
Brig ab 09.04 Uhr
St. Moritz an 18.54 Uhr
= 590 Minuten

1930
Zermatt ab 07.30
St. Moritz an 18.20
= 650 Minuten

1951
Zermatt ab 07.50 Uhr
St. Moritz an 17.10 Uhr
= 560 Minuten

1985 (Zug B)
Zermatt ab 10.10 Uhr
St. Moritz an 17.44 Uhr
= 454 Minuten

1999 (Zug B)
Zermatt ab 08.52 Uhr
St. Moritz an 16.55 Uhr
= 483 Minuten

Um den Ferienort Zermatt zu erschließen, nahm im Juli 1891 die meterspurige, teilweise mit der Abt'schen Zahnstange ausgestattete Visp–Zermatt-Bahn (VZ) ihren Betrieb auf. Der verkehrstechnischen Erschließung von Davos verdankte zur gleichen Zeit die Landquart-Davos-Bahn (LD) ihre Gründung; sie wurde 1895 zur »Rhätischen Bahn« (RhB), die im Sommer 1904 St. Moritz und am 1. August 1912 Disentis erreichte. Weniger erfolgreich war die Brig–Furka–Disentis-Bahn (BFD), die zwar 1915 den Verkehr von Brig nach Gletsch aufnahm, aber bald in Schwierigkeiten geriet und 1923 Konkurs anmelden musste. Ein Syndikat, dem u.a. VZ und RhB angehörten, setzte die Arbeiten fort, so dass die durchgehende Linie der Furka–Oberalp-Bahn (FO) am 3. Juli 1926 eröffnet werden konnte. Von da an verkehrten Kurswagen von Brig nach Chur bzw. St. Moritz, und ab dem 1. August 1929 fuhren sie bis/ab Reichenau-Tamins mit den Albula-Schnellzügen, die einen MITROPA-Speisewagen führten.

Der »Glacier-Express« zwischen Zermatt und St. Moritz nahm seinen Betrieb am 22. Juni 1930 auf, nachdem die meter-

spurige Verbindungsstrecke Visp–Brig erstellt und der Schnee auf der Furka-Bergstrecke geräumt war. 1930 verkehrte der Zug bis zum 4. Oktober, danach fiel die Linie Oberwald–Realp in den Winterschlaf. Für den neuen Glacier-Express-Zug beschaffte die MITROPA einen dritten Speisewagen, die RhB den mit einem Bremszahnrad ausgerüsteten Salonwagen A4üSalon Nr. 61 III (heute As Nr. 1161), die VZ drei Wagen 1./2. Klasse mit Salonabteil (AB4ü Nr. 101-103). RhB und FO statteten vorhandenes Wagenmaterial 2./3. Klasse (RhB-ABC4ü Nr. 604-607 und FO-C4ü Nr. 260) mit geschlossenen Plattformen und Faltenbalg-Übergängen aus. Triebfahrzeuge waren die RhB-»Krokodile« Ge 6/6 Nr. 401-415, die BVZ-»Zahnrad-Krokodile« HGe 4/4 Nr. 11-15 und die FO-Dampfloks HG 3/4 Nr. 1-10.

In dieser Formation verkehrte der Zug bis 1942; nach einer vierjährigen Pause wegen des Zweiten Weltkriegs gab es ab 1947 keine Salonwagen mehr, dafür Erstklasswagen; die RhB-»Krokodile« wurden durch die Ge 4/4 Nr. 601-610, die Furka–Oberalp-Dampfloks durch die HGe 4/4 Nr. 31-37 abgelöst, was die Fahrzeit deutlich verkürzte.

Anfang der Sechzigerjahre durchlief das Wagenmaterial eine Verjüngungskur. Von 1962 bis 1964 war Pontresina, nicht St. Moritz Endpunkt der direkten Wagen. Ab 1975 waren Doppelführungen bei der FO an der Tagesordnung, und 1981, das Jahr vor der Eröffnung des Furka-Basistunnels, brachte einen Glacier-Express-Boom. Ab 1982 wurde als Entlastung der nur im Sommer verkehrende Rhein-Rhône-Express eingeführt, und ab Winter 1982/83 fuhr der Glacier-Express ganzjährig.

Da die Fahrgastzahlen weiter zunahmen, wurde ab 1985 ein neues Konzept für die Sommer-Hochsaison mit zunächst drei, später vier täglichen Zugpaaren zwischen Zermatt und St. Moritz erarbeitet. Neu gab es Kurswagen von/nach Davos, anfangs über Filisur, später über Chur, die man eine Zeitlang im Winter beibehielt. Ab 1986 kamen vier Panoramawagen der FO zum Einsatz, denen 1993 zehn FO- und vier BVZ-Panoramawagen folgten. Zu diesem Zeitpunkt wurde ein erstklassiger Glacier-Express aus Panorama- und einem Speisewagen (St. Moritz–Brig) eingeführt. Und im Sommer 2000 kam der »Alpine Classic Pullman Express« hinzu, der an bestimmten Tagen mit den Salonwagen As 1143-1144, dem Gepäckwagen D 4062, dem Speisewagen WR 3812 sowie nostalgischen Triebfahrzeugen als selbständiger Zug verkehrt.

Von Anfang an haben die beteiligten Bahnen auf Qualität Wert gelegt und ihr jeweils modernstes Rollmaterial eingesetzt. Das Produkt »Glacier-Express« wurde von jeher gut vermarktet, auch wenn es anfangs nur spezielle, große Zulaufschilder waren.

Restaurant

Nostalgie pur: Eine G 4/5 der RhB befährt die Rheinbrücke bei Reichenau-Tamins (links oben). HGe 4/4 Nr. 37 schleppt im August 1981 einen Sechs-Wagen-Zug von Andermatt nach Nätschen (großes Bild), und Nr. 33 befährt im gleichen Monat die Furka-Bergstrecke.

Jahrelang waren die Doppeltriebwagen ABDeh 8/8 der BVZ – wie hier in der Kipfenschlucht – die »Zugpferde« auf der Strecke Brig–Zermatt, weil sie auch eine ausreichende Zahl von Sitzplätzen für den Regionalverkehr anboten.

Von Zermatt nach Brig

Die Brig-Visp-Zermatt-Bahn (BVZ)

Das »Zahnrad-Krokodil« HGe 4/4 I Nr. 13 der BVZ schleppt einen gemischten Personen- und Güterzug, der u.a. zwei Mitteleinstiegs- und einen gemischten Post- bzw. Gepäckwagen mitführt, durch die von der Wintersonne beleuchtete Landschaft bei Täsch.

VZ
13

Ein »Zahnrad-Krokodil« mit dem Glacier-Express, der vor allem aus Mitteleinstiegswagen besteht, im Oktober 1989 bei Stalden.

Info

Die 44 km lange Strecke, welche die verpendelten Regional- und lokbespannten Schnellzüge in 80 Minuten bewältigen, überwindet einen Höhenunterschied von 935 m. Dabei werden fünf (früher sechs) Zahnstangenabschnitte nach dem System Abt befahren. Die Strecke beginnt auf dem Bahnhofsvorplatz in Brig und endet im sechsgleisigen Kopfbahnhof von Zermatt. In Glisergrund und Visp gibt es umfangreiche Depot- und Werkstättenanlagen, zwischen Täsch und Zermatt verkehren spezielle Shuttle-Züge.

Die Reise nach Zermatt, das nach der Erstbesteigung des Matterhorns im Jahre 1865 immer mehr an touristischer Bedeutung gewann, war in der zweiten Hälfte des 19. Jahrhunderts zeitraubend und kostspielig, weil es damals im Mattertal weder eine Straße noch eine Bahnverbindung gab.

Sechs Zahnstangenabschnitte für die VZ

1886 ersuchte der Lausanner Bankier Masson, hinter dem Banken aus Lausanne und Basel standen, beim Bundesrat um eine Konzession für eine schmalspurige Eisenbahn (750 mm) von Visp nach Zermatt, die der Erschließung der Region dienen sollte. Nachdem die Bewilligung – allerdings für eine meterspurige Linie – am 21.12.1886 erteilt worden war, konnten die Bauarbeiten 1888 beginnen. Die Strecke wurde etappenweise in Betrieb genommen: Am 3. Juli 1890 war Stalden erreicht, am 26. August des gleichen Jahres St. Niklaus und am 6. Juli 1891 Zermatt. Die Betriebsführung lag bei der »Suisse Occidentale Simplon« (SOS), die auch die Planung und Bauleitung übernommen hatte; die Bahngesellschaft ging später in der Jura-Simplon-Bahn auf und diese in den Schweizerischen Bundesbahnen (SBB). Erst 1920 übernahm eine eigene Bahngesellschaft, die Visp-Zermatt-Bahn (VZ), mit Sitz in Lausanne, die touristisch attraktive Strecke, die sich in einer Verwaltungsgemeinschaft mit der 1898 eröffneten Gornergrat-Bahn (GGB) zusammenschloss.

Während die Bauarbeiten an der Strecke, die den Höhenunterschied von rund 1000 m mit sechs Zahnstangenabschnitten überwindet, wenig Schwierigkeiten geboten hatten, bedrohten Naturgewalten in Form von Lawinen, Felsstürzen und Hochwasser ständig die Gleisanlagen. Als Beispiel für diese Problematik mag die Blattbachbrücke bei St. Niklaus dienen, die 1910 von einer Lawine weggerissen wurde, bevor sie ein Zug befahren hatte. Die zweite an dieser Stelle errichtete Brücke fiel 1914 dem Hochwasser zum Opfer, und die dritte Brücke wurde wieder von einer Lawine zerstört; eine vierte Brücke gab es nicht mehr, denn man entschloss sich zum Bau eines Tunnels. Unter diesen Umständen ist es klar, dass der Betrieb zunächst nur im Sommer erfolgte. Andererseits entwickelte sich Zermatt auch zu einem Wintersportort, so dass die VZ 1907 erstmals um eine Betriebserlaubnis für den Winter nachsuchte, die sie allerdings erst für den Winter 1928/29 und nur für den Abschnitt Visp–St. Niklaus erhielt, nachdem dieses Streckenstück mit Galerien wintersicher ausgebaut worden war. Der planmäßige Winterbetrieb bis Zermatt wurde 1933/34 realisiert. In der Zwischenzeit, nämlich im zweiten Halbjahr 1929, war der elektrische Betrieb mit dem bei der RhB üblichen Stromsystem von 11 kV und 16,7 Hz aufgenommen worden, und die 9 km lange Verbindungsstrecke Visp–Brig stand seit dem 6. Juni 1930 ganzjährig in Betrieb.

Doch erst 32 Jahre später, nämlich 1962, wurde der Firmenname auf »Brig–Visp–Zermatt-Bahn« (BVZ) angepasst, und anlässlich des 100-jährigen Bestehens erfuhr er die Abkürzung in »BVZ Zermatt-Bahn«; zudem wurde der Geschäftssitz von Lausanne nach Zermatt verlegt.

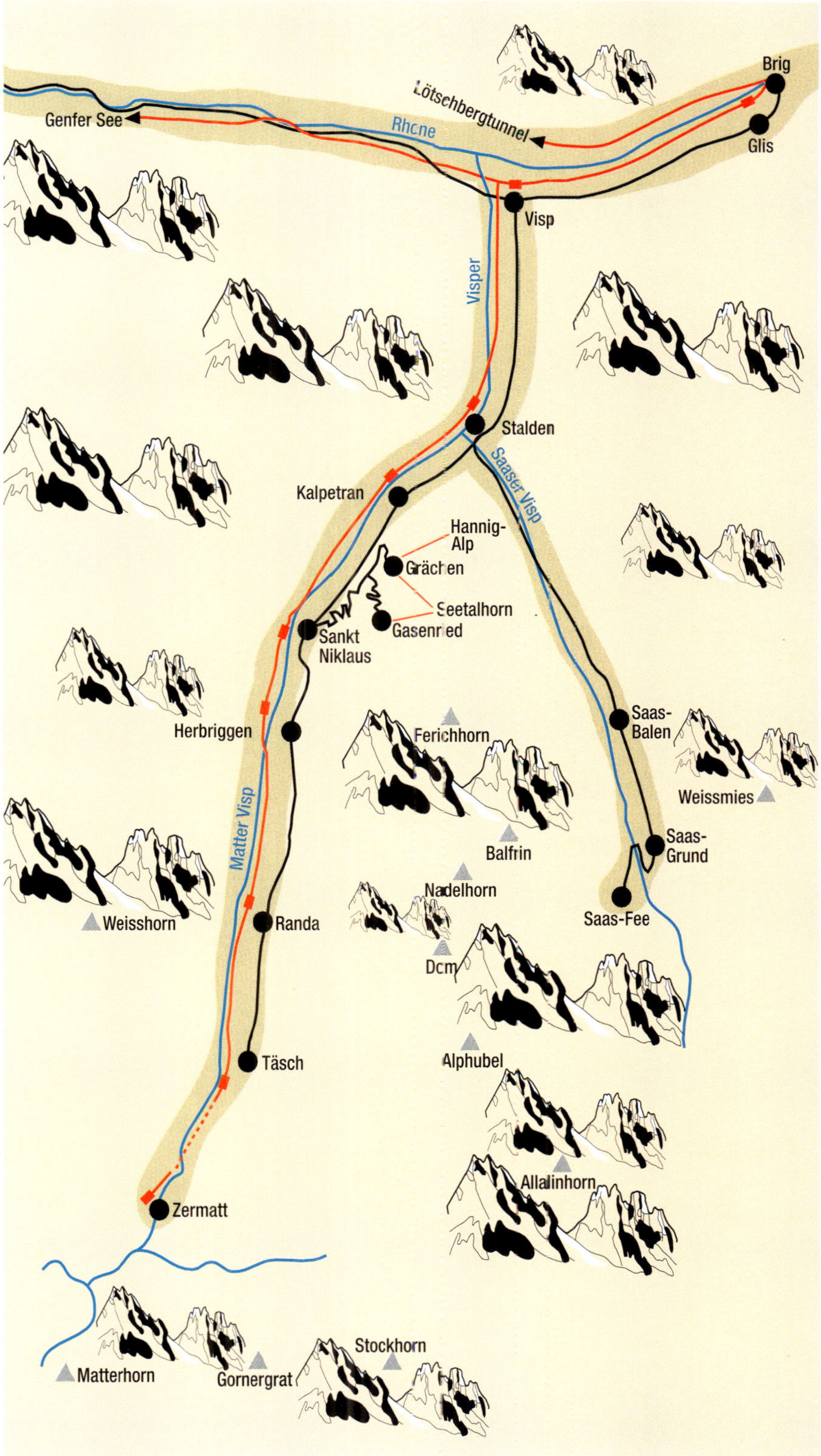

Der Generationenwechsel beim Glacier-Express: »Zahnrad-Krokodil« HGe 4/4 I und Mitteleinstiegswagen in den Achtzigerjahren bei St. Niklaus (großes Bild), moderne HGe 4/4 II sowie Panoramawagen in den Neunzigerjahren bei Neubrück (kleine Bilder).

Rund ums Bergsteigerdorf Zermatt

Zermatt, der südlichste Sommer- und Wintersport-Kurort der Schweiz, hieß im Mittelalter »Pratobornum« und trägt seinen heutigen, von »Zur Matte« abgeleiteten Namen seit dem 15. Jahrhundert. Den Aufstieg zu einem der meistbesuchten Fremdenverkehrsorte in den Alpen verdankte es einerseits der Weitsicht der Hoteliersfamilie Seiler, andererseits dem in der zweiten Hälfte des 19. Jahrhunderts aufblühenden Alpinismus, der durch die Erstbesteigung des 4478 m hohen Matterhorns im Jahre 1865 durch Edward Whymper gefördert wurde. In der Region Zermatt befinden sich nämlich 29 der insgesamt 38 Viertausender der Schweiz, ein Paradies für Kletterer und Bergwanderer.

Von Alt-Zermatt sind heute nur noch wenige Reste im südlichen Ortsteil vorhanden, doch das Alpine Museum vermittelt einen Einblick in die Geschichte des Ortes und des Alpinismus. Der auf einer Höhe von 1620 m liegende, autofreie Ort ist durch die umliegenden Berge vor den rauhen Winden geschützt und verwöhnt seine Gäste nicht nur mit einem milden, nebelfreien Klima, sondern auch mit rund 1800 Sonnenstunden pro Jahr.

Hübsche Holzhäuser und autofreie Straßen in Zermatt.

Die kürzeste Tram Europas auf einer Höhe von 2210 m

119 Hotels oder Pensionen bieten – in verschiedenen Kategorien – 6500 Betten an, nochmals 6500 Betten weisen die 1500 Chalets oder Ferienwohnungen auf; außerdem gibt es eine Jugendherberge und einen Campingplatz. Zahlreiche Gaststätten, darunter 38 Bergrestaurants, sorgen – auch mit internationalen Spezialitäten – für das leibliche Wohl der Besucher.

Im Sommer führen rund 400 km markierte und gepflegte Wander- und Spazierwege durch eine einzigartige Flora und Fauna – weiter erschließen sechs Skilifte ein ausgedehntes Sommerskigebiet. Im Winter steht ein internationales Skigebiet mit 245 km markierten und gesicherten Pisten zur Verfügung. Es wird von 74 Bahnen und Liften erschlossen. Und zum Spazierengehen gibt es Wege mit einer Gesamtlänge von 30 km. Außerdem existieren in Zermatt mehrere Natur- und Kunsteis- sowie Curlingbahnen.

Bergbahnen erschließen die nähere Umgebung von Zermatt, darunter die meterspurige, 1898 eröffnete Gornergrat-Bahn (GGB), die auf ihrer 9,35 km langen Strecke, die mit einer durchgehenden Zahnstange des Systems Abt ausgerüstet ist, eine Höhendifferenz von 1484 m überwindet. Zur Zeit sind 18 Triebwagen vorhanden, die wegen des hohen Fahrgastaufkommens im Winter teilweise doppelspurige Strecke in 40 Minuten zurücklegen. Von der Zwischenstation Riffelalp, die vor allem von Wanderern genutzt wird, verkehrt die höchstgelegene und kürzeste Tram Europas

Majestätisch schaut das Matterhorn auf den Doppelspurabschnitt der Gornergrat-Bahn bei Riffelalp mit zwei Doppeltriebwagen hinab. Die GGB-Fahrzeuge weisen immer zwei kleine Scherenstromabnehmer nebeneinander auf.

Leistungsfähige Seilbahnen, teilweise mit abenteuerlichen Streckenführungen, erschließen einzigartige Gebiete zum Skifahren oder für Hochgebirgstouren (Bergstation »Rote Nase« links oben, Seilbahn zum Kleinen Matterhorn rechts, Riffelsee und Matterhorn: großes Bild).

auf einer Spurbreite von 800 mm zum nahe gelegenen Hotel. 1960 wurde das Unikum mit zwei kleinen Triebwagen nach einem Hotelbrand stillgelegt, doch im Sommer 2000 feierte es seine Wiedergeburt und erlaubt den Fahrgästen einen unvergleichlichen Blick auf die umliegende Bergwelt. Von der Endstation der GGB (3090 m ü.M.) führt eine Luftseilbahn in zwei Sektionen zum Stockhorn (3405 m), wobei von der Zwischenstation Hohtälli (3286 m) eine weitere Luftseilbahn nach Rote Nase (3247 m) abzweigt.

In Sunnegga (2288 m), der Endstation der 1590 m langen, als »Alpen-Metro« bezeichneten unterirdischen Standseilbahn, gibt es einen Sessellift nach Findeln und eine Gondelbahn nach Blauherd (2571 m). Von dort aus geht eine Luftseilbahn zum Rothorn (3103 m) sowie eine Gondelbahn nach Gant, wo mittels Luftseilbahn eine weitere Verbindung nach Hohtälli besteht.

Eine weitere Gruppe von Ausflugsbahnen erschließt von Zermatt aus Schwarzsee (2583 m) bzw. Furgg (2432 m), von dort aus Trockener Steg (2939 m) und schließlich Klein Matterhorn (3820 m), wo man mit einem Aufzug im Inneren des Berges zum Gipfel auf einer Höhe von 3885 m hinauffahren kann – dem höchsten mit einer Bahn zu erreichenden Punkt der Schweiz.

Im gegenwärtigen Fahrplankonzept verlassen die vier Glacier-Express-Züge, welche die BVZ im Sommer planmäßig führt, Zermatt zwischen 8.00 Uhr und 10.00 Uhr, also innerhalb von zwei Stunden, und die Gegenzüge kommen zwischen 14.43 Uhr und 17.43 Uhr an. Darunter befindet sich je ein Zug, der nur aus Panoramawagen 1. Klasse besteht. Im Winter fährt der Glacier-Express um 10.10 Uhr ab, der Gegenzug trifft um 16.43 Uhr ein. Ein Speisewagen wird Zermatt planmäßig erst mit dem »Alpine Classic Pullman Express« erreichen (Abfahrt: kurz vor 10 Uhr, Ankunft: gegen 18.30 Uhr).

Wieder sieht man eine fantastische Landschaft, die vom Matterhorn beherrscht wird, das als Signet alle BVZ-Fahrzeuge schmückt. Das Wetter kann recht schnell umschlagen (kleines Bild), und dann wird manche Seilbahnfahrt wegen der Windböen noch abenteuerlicher.

Info

Der südlichste Sommer- und Winter-Kurort der Schweiz bietet viel: 13000 Betten in Hotels, Pensionen und Ferienwohnungen, 400 km Spazier- und Wanderwege sowie einige Skipisten im Sommer, 245 km Skipisten und 30 km Wanderwege im Winter, etliche andere Sportmöglichkeiten, gute Bedingungen für Kletterer und Bergwanderer, zahlreiche Bergbahnen und Skilifte, das Matterhorn und weitere 28 Viertausender.

1. Etappe: Zermatt–Visp

Kurz nach der Ausfahrt aus der soliden, aber nicht sehr hübschen Bahnsteighalle taucht der Zug in die zweigleisige, 260 m lange Schafgrabengalerie ein. Auf dem Ausweichgleis sind in der Regel die Lokomotive HGe 4/4 Nr. 16 als Reserve für die Shuttle-Züge und die für die Räumung des Schnees angepasste HGe 4/4 Nr. 15 abgestellt. Neben der Galerie befinden sich sechs Gleise für die Freiverladung. Nach 3 km und mehreren Schutzgalerien folgt die Ausweichstelle »Kalter Boden«, die 1972 für Doppelkreuzungen angelegt wurde. Die talseitige Weiche liegt bereits im Zahnstangenabschnitt, der – von Galerien geschützt – nach Täsch führt, wo neben drei Bahnhofs- ein Stumpengleis mit separater Perronanlage für den Pendelverkehr nach Zermatt besteht. Die mit Doppeltriebwagen bespannten Shuttle-Züge verfügen über spezielle, mit Koffer-Rollies befahrbare Personenwagen, so dass die Gäste ihr Gepäck bequem von einem der 3200 Parkplätze in den Zug transportieren können.

Zum »steilsten Dorf« der Schweiz

Über eine kleine Hochebene geht es nach Randa, das mehrmals von Überschwemmungen, Gletscherabbrüchen, Lawinen und Bergrutschen zerstört wurde. Die teilweise neu erstellte Strecke führt an einem riesigen Kegel aus 15 Millionen Kubikmetern Geröll vorbei, die 1991 aus der Wandfluh herausbrachen. Mit Hilfe der Zahnstange geht es nach Herbriggen hinunter (1254 m ü.M.) und weiter zur Ausweichstelle Mattsand, die 1956 aus einem Ladegleis für den

Ein moderner Glacier-Express: BVZ-HGe 4/4 II, drei FO- und ein BVZ-Panoramawagen auf der schmalen Trasse im Mattertal.

Bau des Kraftwerk-Ausgleichsbeckens entstand und 1966 um ein Stumpengleis erweitert wurde. In St.Niklaus fallen neben dem zweigleisigen Bahnhof auch der Kirchturm mit der originellen Zwiebelhaube und die mit grünlichen Steinplatten gedeckten Häuser auf. Der Quarzit wird in den Felsen der Umgebung abgebaut und mit Seilbahnen zu den BVZ-Gleisen transportiert. In St. Niklaus kann man in den Postbus nach Grächen umsteigen, einen teilweise autofreien Urlaubsort auf einer Sonnenterrasse mit schneesicheren Skipisten. Eine moderne, kühn angelegte Gondelbahn führt zum Seetalhorn, einer Aussichtsloge hoch über dem Talboden.

Nach St. Niklaus führt die Zahnstangenstrecke durch die Kipfenschlucht, wo die ohnehin schmale Trasse regelrecht der Natur abgerungen werden musste. Es folgt der Bahnhof Kalpetran (897 m) mit zwei unterschiedlich langen Ausweichgleisen. Gegenüber dem Empfangsgebäude liegt die Talstation der kleinen Seilbahn nach Embd (1420 m), dem »steilsten Dorf der Schweiz«. Die Strecke verläuft danach mit sechs kleinen Tunneln und mehreren Brücken in einer steilen Felsenwand, bevor der Zug die Mattervispa auf einer formschönen Eisenbetonbrücke überquert. Eine altersschwache Eisenfachwerkbrücke musste 1959 der heutigen Mühlebachbrücke weichen. Wieder wird die Zahnstange benötigt, um nach Stalden-Saas (799 m) zu gelangen.

Nach dem Geröll die Rebberge

Da die Gleisanlagen für Doppelkreuzungen erweitert wurden, schloss man die aus Kalpetran kommende Zahnstange mit der nach Ackersand führenden zusammen, so dass auch die Stations- und Abstellgleise mit der Abt'schen Zahnstange ausgerüstet sind. Die im Saastal geplante Zweiglinie wurde nie gebaut, und so muss man nach Saas-Fee ins Postauto umsteigen. Die Talstation der Luftseilbahn Stalden–Staldenried–Gspon befindet sich beim Bahnhof und wird vom BVZ-Personal mitbedient. Kurz vor Ackersand (mit einem 1906 angelegten Gleis zum Wasserkraftwerk) fährt der BVZ-Zug zum letzten Mal aus der Zahnstange aus. Das Aussehen der Natur verändert sich, denn die schroffen Felswände machen sonnigen Rebhängen Platz, und in Fahrtrichtung Visp rechts sieht man auf einer Höhe von 1340 m das bekannte Weindorf Visperterminen. Bei Neubrück befindet sich eines der bekanntesten Fotomotive, da der Zug unter einer um 1600 gebauten Steinbrücke hindurchfährt, an deren Brückenkopf eine Barockkapelle steht. Kurz vor Visp gibt es noch die Abstellanlage Vispesand, die notwendig wurde, als beim Bau einer Unterführung mehrere Abstellgleise im Bahnhofsbereich entfielen.

Die Natur, die den Touristen fasziniert, macht es der BVZ häufig nicht leicht: Erdrutsche, Lawinen, Steinschlag oder gar Bergstürze führen zu Betriebsunterbrechungen, obwohl die Bahn viel in die Streckensicherheit investiert und mobile wie feste Mittel einsetzt.

Durch die Erosion sind interessante Gebilde entstanden, z. B. die Erdpyramiden in der Nähe von Stalden-Ried.

Die von der Sonne gebräunten Holzhäuser prägen das Bild vieler Dörfer im Wallis: Das alte Grächen (großes Bild), Gspon (rechts oben) und Neubrück, dessen Brücken dem Ortsnamen alle Ehre machen und die Fotografen anziehen, sind ausgewählte Beispiele.

2. Etappe: Visp–Brig

Gerade an warmen Sommerabenden gewinnt die Stadt Brig, am Fuß des Simplon gelegen, südländisches Flair.

In Visp liegen mehrere Abstellgleise – eingeengt von Vispa und SBB-Anlagen – in einer scharfen 90°-Kurve. Der zweigleisige BVZ-Bahnhof mit überdachtem Mittelperron, die Wagenremise und die Werkstätte mit je drei Gleisen befinden sich vor dem SBB-Bahnhof. Zudem gibt es eine zweigleisige Remise, zwei Abstellgleise beim SBB-Güterschuppen, ein Abstellgleis mit Kranumlade zur SBB, eine Überladerampe zwischen Schmal- und Normalspur und ein Ölumlade-Gleis, denn die Güterversorgung des Mattertals erfolgt von Visp aus.

Viel Industrie im Rhonetal

Visp, von dessen früher Besiedelung prähistorische und galloromische Funde zeugen, wurde mehrfach durch Kriege, Naturkatastrophen, Erdbeben und Brände verwüstet; heute ist es mit dem wöchentlichen Bauernmarkt, den Gewerbeausstellungen sowie den 7000 Arbeitsplätzen in der Industrie (Lonza-Werke) bei 6500 Einwohnern *der* Businessplatz des Oberwallis, der dank der nahen Sprachgrenzen zu Italien und dem Welschwallis auch kulturelle Bedeutung besitzt und in seiner kleinen, interessanten Altstadt zum Verweilen einlädt. Da die Ausfahrt aus dem künftigen Lötschberg-Basistunnel in der Nähe von Visp liegen wird, dürfte die verkehrstechnische Bedeutung noch zunehmen.

Die eingleisige BVZ-Strecke Visp–Brig verläuft neben der doppelspurigen SBB-Simplon-Linie, während die zweigleisige BLS-Lötschberg-Bahn, gut sichtbar und von Wanderwegen begleitet, am Nordhang des Rhone-Tales hinabsteigt.

Bei Bahn-km 3,94 folgt die regelmäßig benutzte Betriebsausweiche »Gamsensand«, die 1964 um ein teilweise dreischieniges Mineralöl-Ladegleis ergänzt wurde. Die Personen-Bedarfshaltestelle »Gamsen« war bereits 1951 in Richtung Brig zur Talstation der damals eröffneten Seilbahn nach Mund,

Info

Brig, mit 11500 Einwohnern kultureller und wirtschaftlicher Mittelpunkt des deutschsprachigen Oberwallis, liegt am Schnittpunkt wichtiger Nord-Süd- bzw. Ost-West-Verbindungen. Wahrzeichen der Kongressstadt mit hervorragender Infrastruktur und umfangreichen Freizeitangeboten in der Umgebung ist der Stockalper-Palast. Die gut ausgebauten öffentlichen Verkehrsmittel erschließen große Ski- und Wandergebiete.

einem kleinen Terrassendorf, in dem Safran angebaut wird, verlegt worden.

1,5 km vor Brig liegen in Glisergrund die Depot- und Werkstättenanlagen von BVZ und FO. Die 1998 eingeweihten FO-Anlagen umfassen fünf Freiluft-Aufstellgleise, eine siebenständige Pendelzug-Halle mit Waschanlage, ein Depot für Schneeräumungsfahrzeuge (1 Gleis), eine Fahrleitungswerkstatt (2 Gleise), ein Lokdepot (11 Gleise) und eine Wagen- bzw. Lokwerkstatt (10 Gleise). Diese 21 Depot- und Werkstattgleise werden über eine als Windfang mit zwei Toren ausgebildete Schleuse und eine zentrale, 18 m lange Schiebebühne erschlossen. Viel kleiner ist das BVZ-Depot, das 1982-84 als Ergänzung der Visper Anlagen für den Unterhalt der Deh 4/4-Pendelzüge angelegt wurde: drei Hallengleise mit Putz- und Untersuchungsgruben, ein Werkstattgleis, drei Freigleise als Erweiterungsmöglichkeit, ein Freigleis als Hallenumfahrung und ein Stumpen.

Die Werkstätten- und Depotanlagen der FO in Glisergrund mit einer Batterielok.

Bei Bahn-km 0,583 nahe dem »Anschluss Cardinal« überfährt der Zug die Eigentumsgrenze von BVZ und FO, bevor er den Schmalspurbahnhof in Brig erreicht.

Brig ist das Zentrum des deutschsprachigen Wallis und Knotenpunkt wichtiger Nord-Süd- und Ost-West-Achsen. Am Fuße des umfangreichen Normalspurbahnhofs liegen auf sehr beengtem Raum die Meterspur-Anlagen, die von FO und BVZ gemeinsam genutzt werden.

Der Stockalper-Palast mit den markanten Zwiebeltürmen beherrscht das Ortsbild.

FO
Furka - Oberalp
Furka - Oberalp

Von Brig nach Disentis

Der »Jumbo«, der zweiteilige Großraum-Speisewagen der RhB, ist wegen des hohen Gewichtes ein seltener Gast auf dem Oberalppass. Am 14. Dezember 1991 hing er an einem Zug mit FO-HGe 4/4 II Nr. 106 und drei FO-Wagen.

Die Furka-Oberalp-Bahn (FO)

Im Obergoms schlagen nicht nur »Eisenbahnerherzen« höher. Hier findet man Ferienstimmung pur: mit Margeriten übersäte Blumenwiesen, grüne Wälder, intakte Dörfer und rot-weiße Züge. Die heute selten gewordene Lok HGe 4/4 I mit einem Glacier-Express bei Biel / Wallis.

FO
31

Drei Panoramawagen und der »Gourmino«-Speisewagen bei Gluringen im Wallis.

Info

Nach Anfangsschwierigkeiten ging die rund 100 km lange Strecke Brig–Disentis im Jahre 1926 in Betrieb. Die Züge fahren über Adhäsionsstrecken und Zahnstangenabschnitten mit einem Gefälle bis 17,9 %, gebaut nach dem System Abt. Die Elektrifizierung erfolgte ab 1940, der durchgehende Ganzjahresbetrieb konnte erst 1982 nach der Eröffnung des Furka-Basistunnels aufgenommen werden.

Nachdem die Träume von einer Strecke Luzern–Meiringen–Oberwald–Brig–Italien geplatzt waren, wurden von 1886 bis 1906 acht Bahn-Ideen für das Oberwallis ausgearbeitet, von denen die Linie Brig–Gletsch im Jahre 1907 eine Konzession erhielt.

Auf und Ab zwischen Brig und Disentis

Im Herbst 1908 konzessionierte der Bund die Anschlussstrecke nach Disentis. Sie wurde ebenfalls von der Elektrizitätsgesellschaft Alioth (später BBC bzw. ABB in Baden) geplant und als elektrische Meterspur-

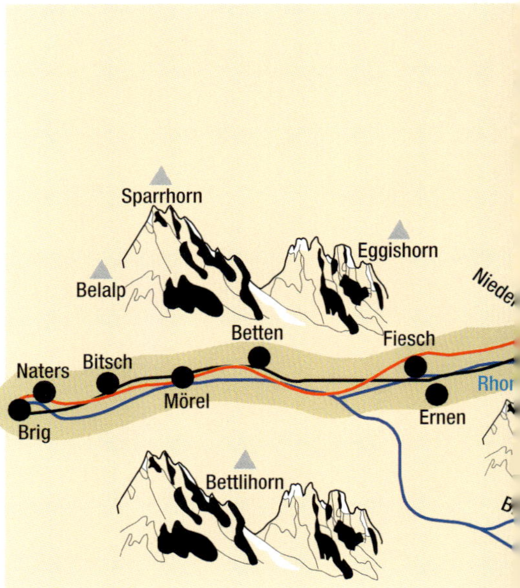

bahn mit einer Zahnstange am Furka- sowie Adhäsionsbetrieb am Oberalppass vorgeschlagen. Die Aktienmehrheit der »Compagnie Suisse du Chemin de Fer de la Furka (Brigue–Furka–Disentis/BFD)« übernahm ein französisches Konsortium, das die Trassierung veränderte, weitere Zahnstangenabschnitte zur Kostenreduzierung einfügte und Dampfbetrieb vorsah. 1911 begannen die Arbeiten an den wichtigsten Bauwerken in Naters, 1912 in Andermatt und Disentis. Wegen mangelhafter geologischer Abklärungen erfolgte der Durchstich am Furka-Scheiteltunnel erst 1915, während die Eröffnungszüge Brig–Gletsch bereits am 30. Juni 1914 dampften. Der Erste Weltkrieg brachte einschneidende Rückschläge, so dass die Züge ab 1919 nur noch mit staatlicher Hilfe fuhren und die BFD 1923 sogar Konkurs anmelden musste.

Ein Syndikat aus BVZ und RhB ersteigerte 1925 das Rollmaterial und die Anlagen für 1,75 Mio. Franken und setzte die Bauarbeiten mit Hilfe von fähigen RhB-Ingenieuren fort; so geht zum Beispiel die klappbare Steffenbach-Brücke auf den RhB-Oberingenieur Erminio Bernasconi zurück. Ab Juli 1926 verkehrten Züge zwischen Brig und Disentis; allerdings nur im Sommer, weil die Strecke im Winter dreigeteilt war: Brig–Oberwald, Realp–Andermatt–Nätschen und Sedrun–Disentis. Die Verwaltung der 1926 gegründeten FO lag bis 1960 durch eine vertraglich geregelte Betriebsgemeinschaft bei der BVZ.

Wegen der strategischen Bedeutung wurde die Strecke ab 1940 elektrifiziert, und dank des wintersicheren Ausbaus konnte der Abschnitt Nätschen–Sedrun ab 1942/43 ganzjährig befahren werden. 1960 löste die FO die Betriebsgemeinschaft auf und fusionierte mit der 1912 gegründeten Schöllenenbahn, welche die 3,7 km lange Strecke Göschenen–Andermatt betrieb. Im August 1973 begannen in Realp, Oberwald und im Tessiner Bedrettotal die Arbeiten am 15,4 km langen Furka-Basistunnel, der am 25./26. Juni 1982 eröffnet wurde. Wenn die Lawinenzüge auf den Teilstrecken Niederwald–Oberwald, Realp–Andermatt und Nätschen–Dieni keine Probleme machen, kann die 96,7 km lange Strecke seither ganzjährig befahren werden. In den Achtziger- und Neunzigerjahren investierte die FO viele Millionen in neues Rollmaterial und weitere Streckenausbauten.

Wie braungebrannte Tupfer in der Landschaft ziehen die mehrgeschossigen Walliser Holzhäuser an den großen Panoramafenstern vorbei. Nachdem der Zug Niederwald (oben) erreicht hat, öffnet sich die Landschaft zu einem breiten Tal.

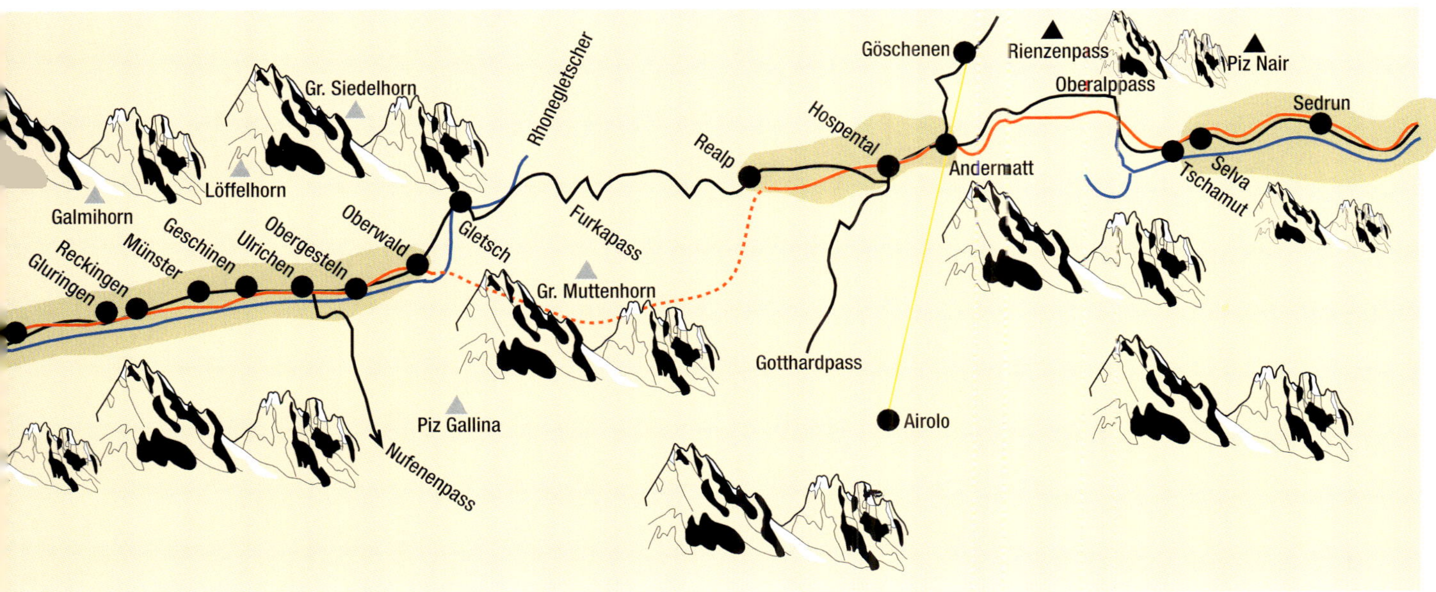

Tunnels, Viadukte, abgrundtiefe Schluchten und wieder Tunnels. Von der Rhonebrücke bei Grengiols (Bild links), wo der Zug in einem steilen Kehrtunnel mit Zahnstangenabschnitt verschwindet, geht es über Lax – hier mit dem Alpin Classic Pullman Express – weiter das Goms hinauf. Und immer wieder so schöne Abschnitte wie die Matte bei Reckingen im Obergoms (rechts oben).

3. Etappe: Brig–Betten

Brig (684 m ü.M.), dessen Name sich von »Brücke« ableitet, ist seit dem 16. Jahrhundert der kulturelle und wirtschaftliche Hauptort des Oberwallis. Brig zählt rund 11500 Einwohner und liegt am Kreuzungspunkt wichtiger Straßen- und Eisenbahnverbindungen; so sind 70 % der Arbeitsplätze im Dienstleistungssektor angesiedelt.

Von den Zwiebeltürmen zum Stockalperweg am Simplon

Wahrzeichen der Stadt ist der mit seinen drei Zwiebeltürmen weithin gut sichtbare Stockalper-Palast, der größte Palastbau der Schweiz, den Kaspar Jodok von Stockalper von 1658 bis 1678 errichten ließ. Stockalper, eine schillernde Persönlichkeit mit einer steilen Karriere als Politiker und Handelsmann, besaß gute Kontakte zu den europäischen Adelshäusern und Wirtschaftsmächten. Er baute den Simplonpass zu einer Hauptroute im Waren- und Personentransit aus, verfügte über das Salzmonopol und war in der einträglichen Söldner-Vermittlung tätig.

Ried bei Mörel liegt hoch über dem Tal der Rhone. In diese Idylle gelangt man mit der Gondelbahn Mörel–Ried–Riederalp.

Neben dem Stockalper-Palast verfügt Brig über weitere sehenswerte Bauwerke, hat einen Namen als Kongressstadt und besitzt die nötige Infrastruktur mit Hotels, Restaurants und Freizeitangeboten. Mit dem Postbus fährt man zum Simplonpass, einem ausgedehnten Wanderparadies. Für mehrtägige Wanderungen bieten sich z.B. der »Stockalperweg«, der auf der Trasse eines spätmittelalterlichen Saumpfades verläuft, oder die »Mineralientour« im Grenzgebiet Schweiz-Italien an. Gute Übernachtungs- und Verpflegungsmöglichkeiten sind vorhanden, und im Winter bestehen die besten Voraussetzungen zum Skifahren und für längere Skitouren.

Ein weiterer lohnender Postauto-Ausflug führt von Brig nach Blatten (1322 m) und von dort mit einer 1782 m langen Luftseilbahn zur Belalp (2137 m). Dort bietet sich ein eindrucksvoller Blick auf den Großen Aletschgletscher, den mit 170 km² größten Gletscher der Alpen. Der SBB-Erlebnispfad zum Simplon-Tunnel und der Rhone-Radweg von Oberwald nach Martigny, der durch ausgezeichnete Weinbaugebiete führt, sind weitere interessante Ausflugsmöglichkeiten.

Bahnanlagen in Brig: überdimensioniert oder zu eng

Der normalspurige SBB-Grenzbahnhof Brig, in dem die SBB-Linie Genf–Lausanne–Domodossola auf die Lötschberg-Bahn Bern–Brig trifft und den täglich 280 bis 320 Züge benutzen, ist rund 400 000 m² groß und wurde teilweise auf dem Ausbruchmaterial des Simplon-Tunnels errichtet. Die

Im »langsamsten Schnellzug der Welt« hat man Muße, die Landschaft zu entdecken, zum Beispiel beim Überqueren des Nussbaumviaduktes (oben). Nach Blatten (unten) gelangt man hingegen nur mit dem Postauto.

Attraktiver Fotostandort: Hinter Zug und Flussbett der Rhone die Barockkapelle zur Schmerzhaften Muttergottes von Hohenflüh.

von 1988 bis 1996 modernisierten Publikumsanlagen umfassen neun Bahnsteiggleise, fünf für SBB-, vier für BLS-Züge. Die Anlagen für den Güterverkehr, die eine Auszieh-, eine Formations- sowie eine Rangiergruppe mit Ablaufberg umfassen, wirken mit zwölf Gleisen eher überdimensioniert, weil die Güterzüge zunehmend im italienischen Domodossola zusammengestellt werden.

Der Meterspurbahnhof auf dem Vorplatz des SBB-Bahnhofs gehört der FO und ist besonders im Winter, wenn BVZ und FO Entlastungszüge führen, von einer manchmal bedrückenden Enge. Er besteht aus den Gleisen 11 und 12 mit überdachtem Mittelperron, dem Umsetz- und Wagenaufstellgleis 13 und Gleis 14 mit Seitenperron. In östlicher Richtung steigt ein Gleis zum seit 1914 betriebenen FO-Güterbahnhof empor, der über ein Ausweich-, ein Abstell- und ein Verladegleis am SBB-Güterschuppen verfügt. Beim Personenbahnhof existieren noch die alte vierständige FO-Lokremise und drei Freigleise, von denen eines die Verbindung zur ehemaligen Werkstatt herstellt; jenseits der Straße von Naters liegen die alte Pendelzug- (5 Gleise) und Wagen-Remise (2 Gleise), drei Freigleise und ein Stumpen mit Drehscheibe.

Alle Glacier-Express-Züge machen in Brig »Kopf« – das heißt, die Triebfahrzeuge werden ausgetauscht, obwohl dies aus technischer Sicht nicht nötig wäre. Vereinfachungen soll eine neue Streckenführung mit einer Ostausfahrt über den FO-Güterbahnhof bringen.

Die FO-Züge beschreiben beim Verlassen des Bahnhofs eine scharfe Rechtskurve, um die Lok-Remise zu umfahren, die Normalspurstrecke zu unterqueren und die Rhone auf einer Brücke zu überqueren. Diese kann mit Unterbrechung des Zugverkehrs angehoben werden, um Überschwemmungskatastrophen wie im September 1993 zu verhindern. Nach einer weiteren Rechtskurve folgt der Bahnhof Naters, der 1998/99 umgebaut wurde.

Sonnenterrassen über der Rhone

Zwischen Naters und der Haltestelle Bitsch, die 1998/99 zur 710 m langen Doppelspurinsel ausgebaut wurde, sind in Fahrtrichtung rechts die Portale des Simplontunnels sowie links das Massa-Kraftwerk zu erkennen, das SBB, FO und BVZ mit Strom beliefert. Bei Bitsch entdeckt man – eingezwängt zwischen Straße und Bahnlinie – in Fahrtrichtung links die Barockkapelle zur Schmerzhaften Muttergottes von Hohenflüh. Langsam fährt der Zug im kleinen Bahnhof von Mörel (759 m) ein. Von dort aus gibt es eine Luftseilbahn über Greich (1352 m), parallel dazu eine Gondelbahn in zwei Sektionen über Ried (1172 m) auf die Riederalp (1925 m). Sie ist ein idealer Ausgangspunkt für leichte Höhenwanderungen und zusammen mit der benachbarten Bettmeralp eine ausgezeichnete Ganzjahres-Ferienregion. In unmittelbarer Nähe befindet sich die Riederfurka (2064 m), von der aus man einen schönen Blick auf den Großen Aletschgletscher und den unter Naturschutz stehenden Aletschwald hat.

Weil sich das Tal zwischen Mörel und Betten zur Schlucht verengt, tragen Stützmauern und Lehnenviadukte Bahn und Straße. Kurz vor der eingleisigen, bereits im Zahnstangenbereich liegenden Haltestelle »Betten FO« überquert die Bahn auf dem 73 m langen, gemauerten Nussbaum-Viadukt die Straße und den Fluss und wechselt auf die andere Talseite.

Erhabene Momente: Während sich tief unten im Tal die ungebändigte Rhone einen Weg durch die enge Schlucht sucht, herrscht in luftiger Höhe ein ganz anderer Geist. Hier ist nichts eng und bedrückend. Weit und hell ist der Himmel über den Alpen von Ried und Betten. Und als Krönung leuchtet der Große Aletschgletscher jenseits des Bergkamms in einem scheinbar verborgenen Tal.

Ein abenteuerlicher Halt in luftiger Höhe. Ins Walliser Dörfchen Greich gelangt man nur über diese Seilbahnstütze: ein Lift führt nach unten.

Auf dem Dorfplatz von Greich (unten) ist die Schickeria nicht zu finden. Hier treffen sich Naturfreunde und Alpöhis. Die Landschaft hat auch einiges zu bieten, zum Beispiel den mächtigsten Gletscher der Alpen und die ältesten Arven der Welt (großes Bild). Auf dem 73 m langen Mauerviadukt überquert der Glacier-Express G die noch junge Rhone.

4. Etappe: Betten–Münster

Die eingleisige Station Betten FO (842 m ü.M.) ist ein modern ausgebauter Gemeinschaftsbahnhof der meterspurigen Furka–Oberalp-Bahn und zweier Luftseilbahnen. Hier wird der gesamte Personen- und Warenverkehr zur autofreien Ferienterrasse Bettmeralp abgewickelt, deshalb stehen Hunderte von überdachten Parkplätzen zur Verfügung. Die Seilbahn Betten–Betten Dorf ist 872 m lang und überwindet in vier Minuten eine Höhendifferenz von 370 m; daran schließt sich die Luftseilbahn Betten Dorf–Bettmeralp an (Länge: 1610 m; Höhendifferenz: 728 m; Fahrzeit: 5 Minuten). Die direkte, 2446 m lange Pendelbahn Betten–Bettmeralp fährt tagsüber ohne festen Fahrplan nach Bedarf und überwindet in 7 Minuten eine Höhendifferenz von 1089 m.

Das Dorf Betten liegt auf einer 1212 m hohen Terrasse, die man vom Zug aus nicht sehen kann. Die Bahnhöfe Mörel und Betten werden an den Winterwochenenden mit hohem Fahrgastaufkommen von Brig aus mit Bussen bedient, um den Schienenverkehr zu entlasten.

Kehrtunnel mit 270°-Drehung

Mit Hilfe der Abt'schen Zahnstange geht es weiter hinauf nach Grengiols, einem einfachen Zwischenbahnhof (891 m). Unmittelbar nach der Ausweiche befährt der Zug – wieder auf der Zahnstange – das höchste Brückenbauwerk der FO, den 31 m hohen und 106 m langen gemauerten Rhone-

Der Glacier-Express verlässt gerade den Kehrtunnel bei Grengiols und befährt den Rhone-Viadukt.

Münster im Obergoms besitzt neben stattlichen Häusern eine stolze Pfarrkirche.

Der Aufstieg von Brig nach Oberwald, der über mehrere Stufen erfolgt, ist bahntechnisch höchst interessant. Doch kann man die Bahn dank der guten Verbindungen auch als Ausgangspunkt zu sportlichen Aktivitäten im Sommer wie im Winter benutzen.

Viadukt, an den sich ein 595 m langer Kehrtunnel mit einer 270°-Drehung anschließt, Die Felsstufe des Deischberges wird mittels einer Steigung von 9 % überwunden. Mit weiteren Viadukten, Tunnels und der Zahnstange geht es hinauf zum zweigleisigen, 1997 modernisierten Bahnhof Lax (1045 m), dem ersten Dorf der Talschaft Goms.

Es folgen die 1968 angelegte Haltestelle »Fiesch Feriendorf«, die 1970 ein 120 m langes Ladegleis für den Ölumschlag erhielt, und knapp einen Kilometer danach der dreigleisige Bahnhof Fiesch. Dort wenden im Winter die Entlastungs- und Extrazüge von/nach Brig, die häufig ein Leckerbissen für Eisenbahn-Fans sind: Es kommen nämlich oft die älteren HGe 4/4 I-Loks sowie die Personen-Triebwagen BDeh 2/4 Nr. 41 oder 45 mit unterschiedlichen Wagen-Kompositionen zum Einsatz; das können – nach dem Motto »man fährt mit dem, was man hat« – auch lupenreine BVZ- oder RhB-Wagengarnituren sein, letztere aus Einheitswagen der verkürzten Bernina-Bauart.

Fiesch (1062 m) ist der Hauptort des unteren Goms und ein wichtiges Tourismuszentrum. Mit einer Luftseilbahn wird in zwei Sektionen (Länge: 2937 m + 1837 m; Höhendifferenz: 1164 m + 656 m; Fahrzeit: 7 + 3 Minuten) das 2878 m hohe Eggishorn erschlossen, das eine fantastische Rundsicht auf die Berner und Walliser Alpen, das Rhone-Tal und den gewaltigen Eisstrom des Großen Aletschgletschers ermöglicht. Eggishorn und Kühboden bieten zudem hervorragende Möglichkeiten für Drachenflieger, die bei guten Wetterbedingungen Rekordflüge bis Chur und zum Genfer See unternehmen können. Die FO betreibt Buslinien ins bekannte »Musikdorf« Ernen, das nicht nur für seine Bergkristalle, sondern auch für seine fachgerecht renovierten Häuser berühmt ist.

Per Steilstufe ins landschaftlich reizvolle Obergoms

Um Länge zu gewinnen, unternimmt der Zug einen kleinen Abstecher ins Fieschertal, bevor er wieder mittels Zahnstange den Berg erklimmt. Bei Fürgangen-Bellwald hat man die nächste Steilstufe überwunden. Erst 1956 erhielt die Station ein zweites Gleis; Grund dafür war die Fertig-

Das Eggishorn lädt zu Bergtouren ein. Nicht so geübte Wanderer finden gute Möglichkeiten im Tal.

FO

Von Bugnei im Kanton Graubünden (großes Bild) bis in den alten Dampfkern von Bellwald im Kanton Wallis (oben) ist es ein weiter Weg mit der Furka-Oberalp-Bahn (FO). Die Abzweigung bei Bugnei führt übrigens zur Tunnelbaustelle der NEAT bei Sedrun.

Info

Verschiedene Gemeinden zwischen Brig und Fiesch bilden eine Tourismusregion. Sie werben alle mit dem Großen Aletschgletscher, und ihre Orte sind meist mit leistungsfähigen Seilbahnen erschlossen. Hier findet der Urlauber attraktive Angebote für den Sommer- und Winterurlaub. Höhenwanderungen, Delta- und Gleitschirmfliegen, Skisport in allen möglichen Variationen gehören ebenso dazu wie die entsprechenden Übernachtungs- und Verpflegungsmöglichkeiten.

stellung der 1430 m langen Luftseilbahn Fürgangen–Bellwald. Damit erfuhr das Walliser Dorf auf der »Sonnenterrasse« (1614 m) einen weiteren touristischen Aufschwung. In Hanglage führt die Strecke weiter nach Niederwald, das erste Dorf im Obergoms. Dessen zweigleisiger Bahnhof wird im Winter gelegentlich zum Endpunkt, wenn die weitere Strecke nach Oberwald trotz zweier Schutzgalerien wegen akuter Lawinengefahr geschlossen werden muss. Niederwald ist ein typisches Gommer Dorf mit Holzhäusern, die von Ställen und Scheunen umgeben sind. Die nächsten Orte folgen in kurzen Abständen: Blitzingen, Biel – dessen Gleisanlagen bei einer Umtrassierung für höhere Geschwindigkeiten umgestaltet wurden, Gluringen und Reckingen. Der dreigleisige Bahnhof war jahrelang der Übergabeort für den aus Chur kommenden Speisewagen des Glacier-Express. Zu diesem Zweck war zunächst ein von der RhB angemieteter und später der FO-eigene Heizwagen X 4929 auf einem separaten Gleisjoch aufgestellt. Da die Speisewagen zur Zeit in Disentis, Andermatt, Oberwald und Brig wenden, hat der Heizwagen in Brig eine neue Heimat gefunden.

Die Region ist im Winter ein Eldorado für Ski-Langläufer, und im Sommer wird River-Rafting auch für Familien angeboten. Kurz nach Reckingen überspannt eine sehenswerte, gedeckte Holzbrücke die Rhone. Drei Kilometer weiter folgt der Bahnhof Münster, der über zwei Bahnhofsgleise und einen kleinen Stumpen mit Remise verfügt. Hier stand jahrelang die letzte Dampflok der FO, die HG 3/4 Nr. 4. Sie wurde in den Achtzigerjahren durch eine Gruppe von Freiwilligen aufgearbeitet und wird jetzt leihweise der Dampfbahn Furka-Bergstrecke zur weiteren Aufarbeitung und zum Betriebseinsatz überlassen.

Münster (1359 m ü.M.), der Hauptort des Goms, ist ein stattliches Haufendorf mit zahlreichen alten Walliser Häusern und einer stolzen Pfarrkirche.

Ein Wanderweg kreuzt die Trasse der FO im Zahnstangenbereich. Fahrleitung, Signal- und Sicherungsanlagen sind auf dem modernsten Stand der Technik. Das magnetische »Glacier-Express-Schild« verdeckt die stirnseitige Betriebsnummer der HGe 4/4 II.

GLACIER
EXPRESS

5. Etappe: Münster–Oberwald

Wer das Abenteuer sucht, wagt sich in einem Schlauchboot auf die junge Rhone.

Nach der Haltestelle Geschinen (1351 m ü.M.) folgt bei Bahn-km 36,3 die Dienststation Rosseye mit einem 170 m langen Ausweichgleis für die Flugbenzin-Transporte der Armee. Der zweigleisige Bahnhof Ulrichen (1347 m) war schon zu Dampflok-Zeiten großzügig angelegt. Er wurde 1964 modernisiert und mit einem neuen Stationsgebäude ausgestattet.

Abenteuer und Tradition im Obergoms

Im Ort beginnt die 1969 neu eröffnete Nufenen-Passstraße nach Airolo, die mit einer Höhe von 2479 m der zweithöchste Hauptstraßenübergang der Schweiz (nach dem Umbrailpass im Engadin) ist. Seit 1996 gibt es in Ulrichen einen Skaterpark, der keine Wünsche offen lässt, und der Militärflugplatz kann als autofreie Rennstrecke genutzt werden.

Obergesteln weicht im Baustil von den anderen Dörfern ab, weil die Wohnhäuser von italienischen Baumeistern aus Stein errichtet wurden, während die Ställe und Scheunen aus Holz ringförmig um den Ort angelegt sind. Der Grund für diese ungewöhnliche Bauweise liegt in einem verheerenden Feuer, das 1866 den Ort einäscherte.

Der Bahnhof Oberwald (Bahn-km 41,3; 1366 m) hat sich bei den Bauarbeiten zum Furka-Basistunnel stark verändert. Bis zu dessen Eröffnung besaß er als winterlicher Endbahnhof für die Züge aus Brig drei Stationsgleise, einen Stumpen in Richtung Gletsch und eine zweiständige Remise (in Richtung Brig). Unmittelbar nach der letzten Weiche ging das Hauptgleis in die Zahnstangenrampe nach Gletsch mit einem Gefälle von 11 % über. Beim Umbau wurden das Stationsgebäude um ein Buffet erweitert, ein viertes Bahnhofsgleis und zwischen den von den Personenzügen benutzten Gleisen 3 und 4 ein Mittelperron angelegt, der durch eine Unterführung mit dem alten Hausbahnsteig verbunden ist und einen Ausgang zum Fußweg nach Oberwald besitzt. Das Gleis für die Autozüge zweigt (in Richtung Realp) von Gleis 1 ab, liegt an einer speziellen Rampe und reicht weit in den 673 m langen, teilweise zweigleisigen Umfahrungstunnel hinein, in dem

Info

Im Goms werben 17 Hotels mit dem Prädikat »familienfreundlich«, und viele Freizeitangebote gehören ebenfalls in diese Kategorie, z.B. die Langlaufloipen im Winter, die verschiedenen Radwege, leichten Wandertouren sowie das River-Rafting im Sommer, vor allem aber der Skater-Park in Ulrichen. Wer sich mit den Angeboten im relativ ebenen Hochtal nicht zufrieden geben will, findet auf den umgebenden Bergen die ihm entsprechenden Möglichkeiten.

sich die Einfahrtsweichen aus Richtung Realp befinden und der die Kantonsstraße sowie die alte Bergstrecke unterfährt. Das Abstellgleis parallel zum Autorampengleis sowie die beiden Abstellgleise in Richtung Ulrichen werden meistens von den Autozug-Reservewagen genutzt. Von Gleis 1 zweigt – ebenfalls in Richtung Ulrichen – ein kurzes Stumpengleis mit einer Remise für die Diesellok Gm 4/4 Nr. 71 ab, die man von der Bauart als »Krokodil« bezeichnen kann und die für Rangier-, Bau- und Rettungsdienste sowie für Fahrten mit dem Spurpflug im Nahbereich vorgehalten wird.

Auch im derzeitigen Fahrplan wenden in Oberwald einige Regionalzüge von/nach Brig, an den Winterwochenenden zudem der oft mit einer HGe 4/4 I bespannte Gepäck-Güterzug.

Oberwald, ein aufstrebender Ferienort, bietet gute Wintersportmöglichkeiten, die z.B. durch den Sessellift auf den Hungerberg (1780 m) erschlossen werden; das Dorfbild wird durch eine Barockkirche bestimmt, die durch einen gewaltigen Lawinenbrecher geschützt ist und einen Altar von Johann Ritz (1716) besitzt. In Oberwald beginnt auf dem Rotten, der jungen Rhone, eine Strecke zum River-Rafting, die sich auch für Familien eignet, außerdem ist der Ort Ausgangspunkt für einen Naturradweg nach Ernen.

Hoch über dem Obergoms findet man auf dem Grimselpass (unten) beinahe schon arktische Verhältnisse. Hier hinauf gelangt man von Oberwald auf einem recht anspruchsvollen Bike-Pfad mit 970 m Höhenunterschied!

FO

Besonders im Herbst, wenn auf dem Hungerberg die Laubbäume golden leuchten (großes Bild), lohnt sich eine Reise ins Obergoms. Bevor der »Glacier« bei Oberwald im Tunnel verschwindet, blickt man noch einmal auf die Rhone (unten). Der Gegenzug mit einem »Gourmino«-Speisewagen hinter der Lok fährt inzwischen in den Ort Geschinen (links oben) ein.

6. Etappe: Oberwald –Realp

Das Postauto ist noch immer das Sinnbild für den Schweizer Alpenverkehr – und das einzige öffentliche Verkehrsmittel am Grimsel, Furka und Gotthard.

Nachdem schon bald nach der Betriebseröffnung eine wintersichere Verbindung zwischen dem Goms- und dem Urserental gefordert worden war, gilt der Walliser Ingenieur Roger Bonvin als »Vater« des Furka-Basistunnels. Bereits in den Dreißigerjahren erkannte er die wirtschaftliche Bedeutung einer ganzjährigen durchgehenden Bahnverbindung und verfolgte diese Idee in den Sechzigerjahren als National- und Bundesrat weiter.

Ein Bundesrat für das »Furka-Loch«

Bonvin plädierte für das sogenannte »Gotthard-Kreuz«: Furka-Tunnel (13,3 km lang), Bedretto-Tunnel Ulrichen–Val Bedretto (6,1 km), Grimseldurchstich Oberwald–Handegg (8,4 km) und Oberalptunnel Andermatt-Tschamut (8,1 km). Aufgrund von Machbarkeitsüberlegungen blieb der aus geologischen Gründen nach Süden ausgebuchtete Basistunnel mit dem 5,2 km langen Hilfsstollen ins Bedretto-Tal übrig. 1970 stimmten die politischen Gremien dem Bau zu, und im Sommer 1973 begannen die Bauarbeiten im Val Bedretto, in Oberwald und Realp. Der Tunnel war in drei Baulose aufgeteilt: Das 6862 m lange Los »Oberwald« reichte bis zur Einmündung des Bedretto-Stollens und umfasste die 774 m lange Tunnel-Station Geren mit zwei Parallelstollen. Das 4976 lange Los »Realp« reichte bis zur doppelspurigen Tunnelstation Rotondo. Das Los »Bedretto« bestand aus dem 5221 m langen Fensterstollen sowie dem 3543 m langen Mittelstück samt Doppelspur-Abschnitt (Länge: 774 m).

Obwohl die Ausbrucharbeiten zunächst gut voranschritten, zeigte sich schon Ende 1973, dass die Baukosten zu niedrig kalkuliert waren. Anfangs 1974 ergaben sich auf der Seite Realp geologische Probleme, sehr bald auch noch personelle Schwierigkeiten, so dass das »Furka-Loch« ins Gerede kam. Die geologischen Probleme häuften sich, die Nachtragskredite auch, und im Parlament wurde sogar ein Baustopp gefordert, der aber aufgrund des Baufortschritts und der bereits getätigten Investitionen nicht zu vertreten war. Der Tunneldurchschlag erfolgte im April 1981, der Zusammenschluss der Gleise ein Jahr später, und die offizielle Eröffnung fand am 25. Juni 1982 statt. Der Tunnel, eine Zeitlang der längste Schmalspurtunnel der Welt, steigt von Oberwald mit 17,5 bzw. 16,5 % bis zum Scheitelpunkt (Tunnel-Meter: 10462; Höhe: 1564 m) an und fällt dann mit 2 bzw. 3,1 % wieder ab.

Die Baukosten beliefen sich laut Schlussabrechnung von 1983 auf rund 320 Mio. Franken, mehr als das Vierfache des Voranschlags.

Die Autoverladung, die sich besser als erwartet entwickelte und die Diskussionen um den Tunnel verstummen ließ, findet im Sommerhalbjahr im Stundentakt statt, wird im Winter zeitweise auf einen Halbstundentakt verdichtet. Dafür stehen zwei Autozüge in folgender Formation zur Verfügung: Adhäsionslok Ge 4/4 Nr. 81–82 auf der Seite Realp + ein offener Rampenwagen + 5-8 Verladewagen mit Dach, die Fahrzeuge bis zu einer Eckhöhe von 3,05 m transportieren können, + ein offener Rampenwagen + Steuerwagen BDt 4361-63.

Dampfnostalgie am Furkapass

Am 11. Oktober 1981 fuhr der letzte planmäßige Zug über die Furka-Bergstrecke, die im letzten Betriebsjahr einen riesigen Ansturm erlebt hatte. Dem drohenden Abbruch widersetzte sich ein Komitee zur Rettung der Bergstrecke, durch das im Dezember 1983 der »Verein Furka-Bergstrecke« gegründet wurde. Dieser Verein wiederum initiierte die Gründung der »Dampfbahn Furka-Bergstrecke AG« (DFB) im Mai 1985: diese setzte die vom Verein mit Unterstützung von Fronarbeitern begonnene Sanierung fort, holte vier FO-Dampfloks aus Vietnam zurück, ließ zwei davon restaurieren und nahm ab 1992 den Betrieb bis Tiefenbach, danach bis zur Station Furka, der mit 2160 m ehemals höchsten Station der FO, und ab 2000 bis Gletsch wieder auf.

In der Sommer-Hochsaison erschließen ferner zwei Postautolinien den Furkapass und laden zu interessanten Ausflügen ein: Meiringen–Grimsel–Gletsch–Oberwald und Oberwald–Furkapass–Andermatt.

Für den »Glacier« ist der Furkapass seit 1981 kein Höhepunkt mehr. Denn der Zug verschwindet in dem 15,4 km langen Furka-Basistunnel. Doch es gibt Alternativen: zum Beispiel mit dem Postauto von Oberwald nach Gletsch und dann mit der Furka-Dampfbahn über den viel höher gelegenen Furka-Scheiteltunnel nach Realp.

Die aus Vietnam zurückgekehrte DFB-Lokomotive „Furkahorn" zieht ihren Zug über das Steinstafel-Viadukt.

HOTEL
GLACIER DU RHONE

Dieses Bild ist längst Geschichte. Heute erreicht man Gletsch nicht mehr mit den roten Zügen der Furka–Oberalp-Bahn (FO), sondern mit den blauen Kompositionen der Furka-Dampfbahn (DFB). Die Aufnahme entstand im letzten Betriebsjahr der FO-Bergstrecke von 1981.

Abenteuer auf der Furka-Bergstrecke. Die Zahnrad-Dampflokomotiven vom Typ HG 3/4 keuchen das wildromantische Bergtal hinauf (großes Bild). Dabei geht die Fahrt auch über die Steffenbachbrücke (ganz oben). Sie wird im Winter zusammengeklappt.

7. Etappe: Realp–Andermatt

Für die Autoverladung wurde der Bahnhof Realp (1538 m ü.M.) – ursprünglich eine einfache Zwischenstation mit Ausweichgleis – ausgebaut: Die dreigleisige Anlage hat eine Nutzlänge von 710 m und erstreckt sich bis zum Tunnelportal. Gleis 1 vor dem Empfangsgebäude dient vor allem der Autoverladung, interessanterweise kennt das Signal an der Autorampe nur den Befehl »Halt«. Während Gleis 2 ein reines Kreuzungs- oder Durchfahrgleis ist, halten sämtliche Personenzüge am Außenperron von Gleis 3, den eine Unterführung mit dem Hausbahnsteig verbindet.

Zwei Bahnhöfe am Furka-Tunnelportal

Bei der Sanierung der Furka-Bergstrecke, deren Gleis am Talende abgehängt worden war, entstand der Bahnhof Realp DFB, zunächst ein Installationsplatz mit einfachen Gleisanlagen. Später wurde dieser zweite Bahnhof am Furka-Tunnelportal durch eine in Pontresina ausgebaute Drehscheibe sowie lawinensichere Depot- und Werkstattgebäude ergänzt. 1997 realisierte die Dampfbahn neben den FO-Gleisen einen eigenen zweigleisigen Kopfbahnhof, so dass man die Depotanlagen räumlich vom Personenbahnhof trennte und den Fußweg zur FO-Station bzw. dem Parkplatz deutlich verkürzte.

Im November 1999 wurde kurz vor dem Tunnelportal eine Weichenverbindung zwischen FO- und DFB-Gleisen hergestellt. Damit entfallen die aufwendigen, risikoreichen Fahrzeugtransporte in den nächtlichen Betriebspausen, die sich früher über eine Kletterweiche abgespielt haben. Außerdem werden Sonderfahrten, z.B. von Glacier-Express-Wagen auf der Bergstrecke, möglich.

Der nun folgende Streckenabschnitt bis Hospental ist stark lawinengefährdet, doch wird die Bahn – im Gegensatz zur Straße – durch die künstlich angelegte Mitschengalerie geschützt. Ist die Straße im Winter geschlossen, verkehren die Autozüge bis Andermatt und werden dort an der Rampe für die Autoverladung nach Sedrun abgefertigt.

Zumdorf, das kleinste Dorf der Schweiz, wurde bis in die Neunzigerjahre im Winter von der FO bedient; ein beliebter Fotostandort ist die gemauerte Richlerenbrücke über die Furkareuß kurz vor Hospental. Der dortige Bahnhof (1452 m) erfuhr 1981 bei der Einführung des Streckenblocks eine Modernisierung und verfügt über drei Bahnhofs- sowie drei Abstellgleise zur Entlastung von Andermatt. Das Ortsbild von Hospental wird von der Barockkirche (1706) und der Ruine eines Wehrturms (13. Jahrhundert) beherrscht. Der Ort liegt am Fuße der modern ausgebauten, aber im Winter geschlossenen Gotthard-Passstraße. Vom Zug aus sieht man die Belüftungszentrale des Gotthard-Straßentunnels; damit wird klar, dass hier der Kreuzungspunkt wichtiger Nord-Süd- bzw. Ost-West-Achsen liegt.

Auch wenn es draußen schneit, lohnt sich die gemütliche Fahrt im »Glacier«.

Wenig später fährt der Zug über die rechte (ältere) Reußbrücke in Andermatt (1436 m) ein. Die linke Brücke wurde 1987 für eine Doppelspurinsel zur besseren Betriebsabwicklung gebaut und wird in der Regel von den Zügen nach Brig benutzt. Dort befindet sich auch die Rampe für die Autozüge, die an Winter-Wochenenden nach Sedrun verkehren.

Die Glacier-Express-Züge aus Zermatt fahren auf Gleis 1 vor dem Empfangsgebäude ein, die Züge nach Brig–Zermatt benutzen Gleis 2 am Mittelperron, während die Pendelzüge nach Göschenen, die meist aus Brig, seltener aus Disentis kommen, ab Gleis 3 verkehren. Gleis 4 wird nur bei »Großandrang« benutzt, der Rest sind Rangier- oder Abstellgleise. Der Rangierdienst hat viel zu tun: ein Speise- und zahlreiche Verstärkungswagen von Glacier-Express- und Pendel-Zügen sind umzustellen. Da die Anhängelast über den Oberalppass geringer ist als auf der Strecke Brig–Andermatt, kommt bisweilen die im Depot abgestellte Reservelok, eine HGe 4/4 I, zu Ehren, wenn der Glacier-Express getrennt und ein Entlastungszug geführt wird. Die Depot- und Werkstättenanlagen, in denen auch eine Zahnrad-Diesellok steht, haben seit der Eröffnung der Zentralwerkstätte an Bedeutung verloren, weil sie nur noch für die Autozüge, Schneeräumfahrzeuge und Güterwagen zuständig sind. In Andermatt beginnt auch die 1917 eröffnete, 3,7 km lange Schöllenenbahn nach Göschenen, die wegen des Gefälles von 17,9 % nur von Pendelzügen befahren werden darf, die mit automatischen Kupplungen fest gekuppelt sind und deren Triebwagen talseits stehen.

Andermatt ist ein beliebter Wintersportort mit zwei großen Skigebieten: dem Nätschen und dem mit einer Seilbahn erschlossenen Gemsstock (2961 m). Da der Ort mit der spätromanischen Kirche im Bereich der »Gotthard-Festung« liegt, gibt es eine große Kaserne und weitere militärische Anlagen. In der Nähe der Kaserne befindet sich das Suworow-Denkmal, das dem russischen Staat gehört und an die Kämpfe zwischen Russen und Franzosen im Jahre 1799 erinnert. Nicht weit davon entfernt gibt es am Eingang zur Schöllenen-Schlucht die 1956 neuerbaute »Teufelsbrücke«, eine Nachfolgerin der alten Saumpfadbrücke aus dem 15. Jahrhundert.

Der gut erhaltene Dorfkern von Andermatt – eine lohnende Reiseunterbrechung.

Info

Andermatt, das mit dem Zug und dem Auto leicht zu erreichen ist, eignet sich mit seiner gut ausgebauten Infrastruktur für Sommer- und Winterferien. Es gibt schöne Spazier-, interessante Wander- und gute Radwege, im Winter mehrere Skigebiete, eine Rodelbahn und verschiedene Loipen im Urserental. Wer seine Ruhe beim Fischen an einem kristallklaren Bergsee sucht, kommt gleichfalls auf seine Kosten.

FO
FO

Wo Berge sich erheben: Rund um Andermatt präsentiert sich die Natur von ihrer rauen Seite: zum Beispiel auf dem Steg über den Pfaffensprung bei Wassen (links außen) oder in der Teufelsschlucht (unten), hier verkehren auch die Pendelzüge der Schöllenenbahn. Ein alter »Glacier« der Achtzigerjahre überquert indessen den bekannten Richlerenviadukt (großes Bild).

8. Etappe: Andermatt –Sedrun

Die Panoramabahn: Ziemlich steil gehts zwischen Andermatt und Nätschen über zahlreiche Serpentinen bergauf – im Hintergrund das Urserental mit Furkapass.

Kurz nach der Bahnhofsausfahrt Andermatt fährt der Zug in die Zahnstange für das nun folgende Gefälle von 11 % ein. In Serpentinen führt die Strecke am Hang empor, wobei drei Kehren in teilweise neu angelegten Tunneln liegen.

Panoramafahrt mit Serpentinen

Den Fahrgästen bietet sich eine herrliche Aussicht auf den Bahnhof, den Ort, das Urserental sowie die Bergwelt. Aus der Distanz betrachtet, wird alles zu einer »hübschen Spielzeuglandschaft«. Die zweigleisige Station Nätschen (1843 m) erhielt ihre Bedeutung, als 1926/27 Wintersportzüge ab Andermatt eingeführt wurden. Um die Strecke zu entlasten, baute die FO später einen Sessellift Andermatt–Nätschen, an den eine Sesselbahn nach Gütsch (2344 m) anschließt. Die von November bis Mai geschlossene Passstraße nach Andermatt hinunter verwandelt sich in eine 7 km lange Rodelbahn und einen schönen Winter-Wanderweg.

Von der 1962 aufgehobenen Ausweich- und Bedarfshaltestelle Oberalpsee (Bahn-km 76,3; Höhe: 2029 m), die von 1947 bis 1962 Übergabeort für den Glacier-Express-Speisewagen war, zeugen nur noch ausgebaute Weichen und Gleisjoche sowie der Steinring der Drehscheibe. Sie hatte seit 1951 an Bedeutung verloren, nachdem Lawinen das dortige Hotel zerstört hatten. Der Streckenabschnitt Nätschen–Oberalpsee besaß ursprünglich keine Zahnstange, erhielt sie aber 1942 bei der Elektrifizierung und Einführung des Winterbetriebs. Bis zur 731 m langen, 1940 gebauten Lawinengalerie, die Straße und Schiene schützt, ist die Strecke mit einer speziellen Lawinenfahrleitung ausgerüstet. Dabei kommen statt der sonst üblichen Stahl- je zwei Holzmasten als Fahrleitungsträger zur Anwendung, die über Soll-Bruchstellen verfügen und auf hohen Sockeln stehen, damit sie nach einem Lawinenniedergang schnell ausgewechselt werden können.

Auch im Winter über den 2033 m hohen Oberalppass

Während sich die Strecke ursprünglich am Ufer des kristallklaren Oberalpsees entlangschlängelte, wurde sie 1940 an den Hang verlegt und begradigt; die Station Oberalppasshöhe-Calmot (2033 m), seit Schließung der Furka-Bergstrecke der höchste Punkt der FO, bekam ihren Platz auf einem Damm am östlichen Seeufer. Als 1960 ein Skilift zum Calmot in Betrieb ging, baute die FO die Haltestelle zur Kreuzungsstation aus, die in den Achtzigerjahren nochmals erweitert wurde. Von 1962 bis 1968 fand die Übergabe des Speisewagens an diesem Ort statt.

In Andermatt sind die Zahnrad-Diesellok HGm 4/4 Nr. 61, die Schneeschleuder X rotm Nr. 4934, deren Aufbau mit dem Schleuderaggregat auf dem vierachsigen Fahrgestell gedreht werden kann, und Spurpflüge für die Schneeräumung stationiert. Trotzdem muss die Linie Nätschen–Dieni fast jedes Jahr wegen Lawinengefahr für einige Tage geschlossen werden. Ein spektakulärer Unfall ereignete sich im Februar 1990, als alle sechs Wagen des Glacier-Express (auch der Speisewagen WR 3815) und die Wagen des kreuzenden Regionalzuges im wahrsten Sinne des Wortes von den Gleisen geweht wurden. Deshalb wird seither die Windstärke automatisch auf der Passhöhe gemessen und nach Andermatt übermittelt, wo man gegebenenfalls eine Streckenschließung verfügt.

Die hochalpine Landschaft bietet herrliche Wintersportmöglichkeiten, und im Sommer kann man z.B. in einigen Stunden zum bezaubernden Tomasee, der Quelle des Vorderrheins, am Fuße des Rossbodenstocks (2836 m) und des Piz Badus (2928 m) wandern.

Nach Oberalppasshöhe-Calmot unterquert die Bahn in einem 227 m langen Tunnel (mit Zahnstangeneinfahrt) die eigentliche Passhöhe, die Straße sowie die Kantonsgrenze zwischen Uri und Graubünden. Es folgen kurz nacheinander fünf Galerien und Tunnel sowie der Val-Val-Viadukt. Die Station Tschamut-Selva (1701 m) liegt im Zahnstangenbereich und besitzt zwei der insgesamt fünf komplizierten FO-Zahnstangenweichen. Es bietet sich ein fantastischer Blick ins Tal mit dem jungen Vorderrhein und nach Süden auf die Staumauer des Curnera-Sees. Am Nordhang des Tales geht es auf der Zahnstange nach Dieni (1482 m), das 1951 als Haltestelle für den Wintersportverkehr eingerichtet wurde. Beim Bahnhof beginnt eine leistungsfähige Seilbahn, und zwischen Sedrun und Dieni verkehren Wintersportzüge.

Es folgen sehenswerte Viadukte, die Haltestelle Rueras (1447 m) und der 1980/81 modernisierte Bahnhof Sedrun (1441 m) – mit drei Bahnhofs- und zwei Abstellgleisen der wichtigste Zwischenbahnhof auf der Oberalpstrecke, deren Signale und Weichen von dort ferngesteuert werden. Ein Unimog-Traktor (halb Auto, halb Lok) verschiebt im Winter die Autotransportwagen, die an Werktagen den Regionalzügen mitgegeben und an Wochenenden zu einem eigenen Zug formiert werden. In der Zwischensaison wenden in Sedrun einige Regionalzüge aus Disentis, die sonst bis Andermatt durchfahren.

An der Quelle des Rheins gibt es eine Vielzahl lohnender Wanderwege. Besonders reizend ist der Aufstieg von der Oberalppasshöhe zum Tomasee, dem Ursprung des Rheins. Hier kann man den wichtigsten Strom Mitteleuropas mit einem Sprung überqueren.

Furka-Oberalp

Großartige Momente am Oberalp: Im See spiegeln sich die fünf Panoramawagen des Erstklass-»Glacier«. Der Tomasee (kleines Bild), ein grandioses Naturschauspiel, ist indessen nur zu Fuß zu erreichen. Die Holzmasten (ganz oben) sollen bei Lawinenniedergängen brechen und damit nicht mehr den Fundamenten schaden.

9. Etappe: Sedrun–Disentis

Sedrun, der Hauptort des Tavetsch / Tujetsch, ist mit seiner Barockkirche von 1691 und den typischen Holzhäusern ein beliebter Sommer- und ein noch wichtigerer Wintersportort. Verschiedene Sesselbahnen und Schlepplifte erschließen hervorragende Wintersportmöglichkeiten, und im Sommer gibt es in der Region erholsame Wanderungen und interessante Hochgebirgstouren z.B. zum Piz Nair (3059 m).

Wieder ein neuer Bahntunnel

1996 begannen mit dem »Zwischenangriff Sedrun« die Bauarbeiten am Gotthard-Basistunnel. Die Baustelle wird vom blockgesicherten Abzweig Tscheppa (Bahn-km 89,875) mit einem 2,23 km langen Werksgleis, das eine Zahnstange und mehrere Kunstbauten aufweist, und dem dreigleisigen Baubahnhof Las Rueras erschlossen. Die SBB haben das Anschlussgleis gebaut, die FO betreibt es und liefert die Baustoffe, u.a. Zement in den bekannten »Mohrenköpfen« von RhB und FO an. Der »Zwischenangriff« besteht aus einem 990 m langen Zugangsstollen mit Werksleitungen und der Stollenbahn, einem 480 m langen Entlüftungsstollen und einem 835 m tiefen Vertikalschacht, an dessen Fuß die Kavernen für die »Multifunktionsstelle Sedrun«, einen Gleiswechsel mit Nothaltestellen und Fluchtmöglichkeiten, ausgebrochen werden. Im Ort gibt es eine besuchenswerte Informationsstelle zu den Bauarbeiten am Gotthard-Basistunnel, und dort kann man sich auch einen Überblick über den Installationsplatz verschaffen.

Val-Bugnei-Viadukt mit »Glacier-Express C« und Lok HGe 4/4 II – ein imposantes Bauwerk.

»Fliegende Kreuzungen« auf dem Weg nach Disentis

Einen besonders schönen Fotostandort im Sommer wie im Winter stellt der gemauerte, leicht gebogene Val-Bugnei-Viadukt mit seinen neun Bogen dar. Um die Kapazität der Strecke Sedrun–Disentis zu erhöhen, die jetzt zusätzlich von den Güterzügen zur AlpTransit-Baustelle befahren wird, hat die FO 1998 die Station Mompe Tujetsch (1394 m), ursprünglich eine einfache Haltestelle, zum Kreuzungspunkt ausgebaut. Zur Entlastung des Bahnhofs Disentis wurde im Frühjahr 1986 die kleine Kreuzungsstation Segnas, die für den Reiseverkehr wenig Bedeutung hat, auf eine Nutzlänge von 280 m erweitert, so dass mit Hilfe des Streckenblocks auch »fliegende Kreuzungen« möglich sind. Bald können die Reisenden einen ersten Blick auf das Klosterdorf Disentis (in der romanischen Sprache: Mustér) werfen. Die Zahnräder rasten letztmals in die Zahnstange ein, der Zug fährt durch den Haltepunkt Acla da Fontauna, überquert den Val-Acletta-Viadukt, benutzt den neuen Disentiser Tunnel mit dem geringeren Gefälle, fährt aus der Zahnstange aus und in den Übergabebahnhof Disentis (1130 m) ein.

Die Station, die der Rhätischen Bahn gehört, wurde 1998/99 grundlegend umgebaut: Die Drehscheibe vor den beiden Lok-Remisen verschwand, neben der FO-Remise gab es ein 65 m langes Abstellgleis. Die RhB-Wagenremise am Ostkopf wurde abgerissen und durch zwei (längere) Freigleise ersetzt. Zwischen den Gleisen 2 und 3 entstand ein 300 m langer, teilweise überdachter Perron, und die Nutzlänge der beiden Perrongleise beträgt neu 350 m, wozu Aufschüttungen nötig wurden. Neben Gleis 1 entstanden beim Ostkopf neue längere Abstellgleise für die Freiverladung. Die Weichenverbindungen wurden vereinfacht und modernisiert, die Signalanlagen den heutigen Bedürfnissen angepasst. Hier verabschiedet sich die FO-Lok und eine Maschine der Rhätischen Bahn (RhB) wird angehängt.

Disentis, das einen gemütlichen Rundgang wert ist und gute Möglichkeiten für einen Sommer- wie Winterurlaub bietet, liegt auf einer Anhöhe über dem Zusammenfluss von Vorder- und Mittelrhein. Es wird von der großzügigen Barockanlage des um 750 gegründeten Benediktinerklosters beherrscht, das eine Mittelschule mit hervorragendem Ruf beherbergt. Die Klosterkirche mit zwei Türmen wurde von 1696 bis 1708 erbaut und 1799 – wie der ganze Ort – von den Franzosen zerstört. Nach dem Wiederaufbau gilt das Kloster als eines der wichtigsten Kleinode der barocken Baukunst in der Schweiz. Die Kirche enthält mehrere sehenswerte Altäre, teilweise aus der Frührenaissance.

Selbst Eskimos fühlen sich in Sedrun zu Hause, denn hier gibt es nicht nur komfortable Betten in warmen Hotelzimmern, sondern auch eiskalte Nachtlager im selbst gebauten Iglu. Das Eskimodorf liegt oberhalb des Ortes. Während das Thermometer auf minus 15 Grad sinkt, bleibt es im Iglu immerhin vier oder fünf Grad »warm«. Daunenschlafsäcke mitbringen!

Über Nacht hat es geschneit, und Sedrun liegt unter einer dicken weißen Decke – wie ein Prospektbild!

FO
33
RhB RESTAURANT

Disentis wird vom riesigen Barockkloster beherrscht. In gebührendem Abstand liegt der Bahnhof. Die grünen RhB-Wagen sind übrigens längst Geschichte. Auch die HGe 4/4 I Lokomotiven (großes Bild) sieht man nicht alle Tage, und vielleicht schon bald gar nicht mehr. Wer den weichen Polstersitz des »Glacier« mit einem harten Velosattel (unten) tauschen möchte, liegt in Disentis ebenfalls richtig.

In Disentis übernimmt eine Lok der Rhätischen Bahn (RhB) – im Bild die Ge 4/4 II Nr. 618 – den »Glacier-Express«. Das Foto entstand bei Davos-Wolfgang. Auf dem gesamten Netz der Rhätischen Bahn gibt es keine Zahnstangenabschnitte.

Von Disentis nach St. Moritz

Die Rhätische Bahn (RhB)

Himmelhohe Viadukte, verwirrende Kehrtunnels, kühne Strecken hoch über tiefen Tälern – die Rhätische Bahn zeichnet sich durch unendlich viele Kunstbauten aus und ist dafür auf der ganzen Welt berühmt. Auch die Direktion hat inzwischen erkannt, dass ihre Bahn in erster Linie eine Touristenattraktion ist – seither wird sie als »Erlebnisbahn« vermarktet.

Nicht jeder »Glacier« fährt mit Panoramawagen. Oberhalb von Bergün zieht die Ge 4/4 II Nr. 633 den Zug mit »Jumbo«-Speisewagen talwärts.

Die hellen Panoramawagen gehören zwar der FO und BVZ, verkehren aber auch auf dem Netz der RhB.

Nachdem die Träume von einer internationalen Nord-Süd-Verbindung über den Splügen- oder Lukmanier-Pass zugunsten der Gotthard-Route ausgeträumt waren, begann die Erschließung der Bündner Täler durch die meterspurige, 1889 eröffnete Landquart-Davos-Bahn (LD).

Das Abenteuer Rhätische Bahn beginnt

Geplant war eine Weiterführung über den Scaletta-Pass ins Engadin, doch bevorzugte nicht zuletzt die Bündner Regierung eine Verbindung über Thusis, Filisur und den Albula. Am 1. Juli 1896 nahm die Rhätische Bahn – so hieß die LD seit 1895 – den

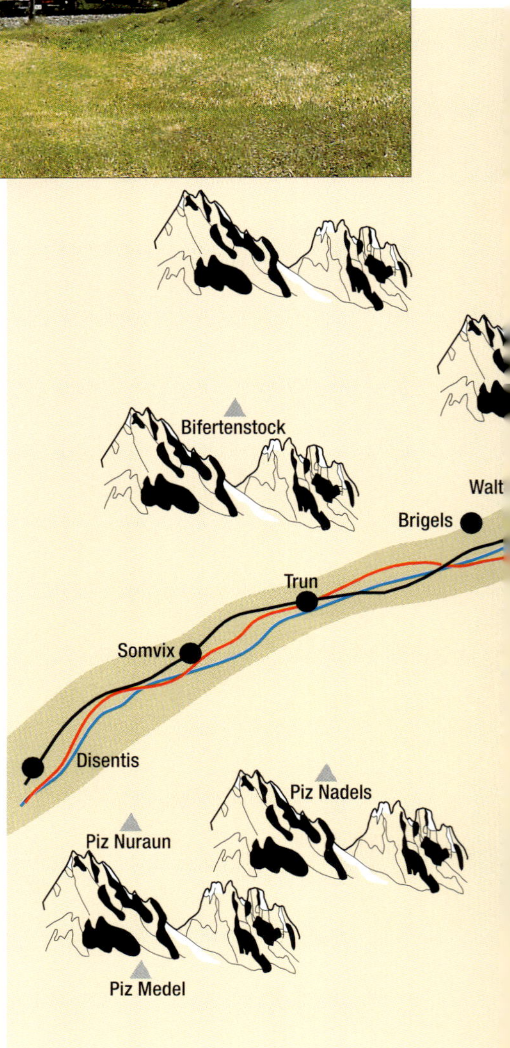

Betrieb bis Thusis auf, doch die Bauarbeiten an den folgenden Abschnitten gestalteten sich erheblich schwieriger. Zwischen Thusis und Tiefencastel musste in dem ungünstigen Gelände der Schynschlucht eine Höhendifferenz von 153 m mit einem Gefälle von 2,5 % überwunden werden, was 14 Tunnels und 23 Brücken, u.a. den 164 m langen und 89 m hohen Soliser Viadukt erforderlich machte. Der Schmittentobel und die Landwasser-Schlucht auf dem Abschnitt Alvaneu–Filisur wurden mit imposanten Steinbogenbrücken überwunden, wobei die Bauzeit für den Landwasser-Viadukt 18 Monate betrug. Oberhalb von Filisur musste die Steigung auf 3,5 % erhöht werden, und man legte Kehrtunnel und Schleifen an, um die Rutschhänge und Lawinenzüge zu meistern. Auch zwischen Bergün und Preda mussten Kehrtunnel und Schleifen eingeplant werden, um die Strecke künstlich zu verlängern und das Gefälle in einem Maß zu halten, das noch einen Adhäsionsbetrieb erlaubt. Diese Strecke kann man im offenen Aussichtswagen oder bei einer Wanderung auf dem Bahnlehrpfad bewundern. Im Oktober 1898 begannen die Arbeiten am Albula-Tunnel. Das folgende Val Bever ist stark lawinengefährdet, so dass man die Strecke auf einem Damm anlegte. Der Abschnitt Bever–Samedan bot keine Schwierigkeiten, und Celerina wurde am 1. Juli 1903 erreicht. Da man sich in St. Moritz nicht auf den Standort des Bahnhofs einigen konnte, erreichte der Eröffnungszug erst am 10. Juli 1904 den Ort.

Info

Auf dem 391 km langen Netz, das neben sehenswerten Viadukten und Tunneln auch den mit 19 km längsten Meterspurtunnel der Welt umfasst, verkehren mehrere berühmte Expresszüge: Glacier-, Bernina-, Heidi- und Arosa-Express sowie der Engadin Star (Landquart–Vereina–St. Moritz–Albula–Chur). Der »Snowliner« mit geschlossenen und der »Railrider« mit offenen Aussichtswagen machen das Bahnfahren zum Erlebnis.

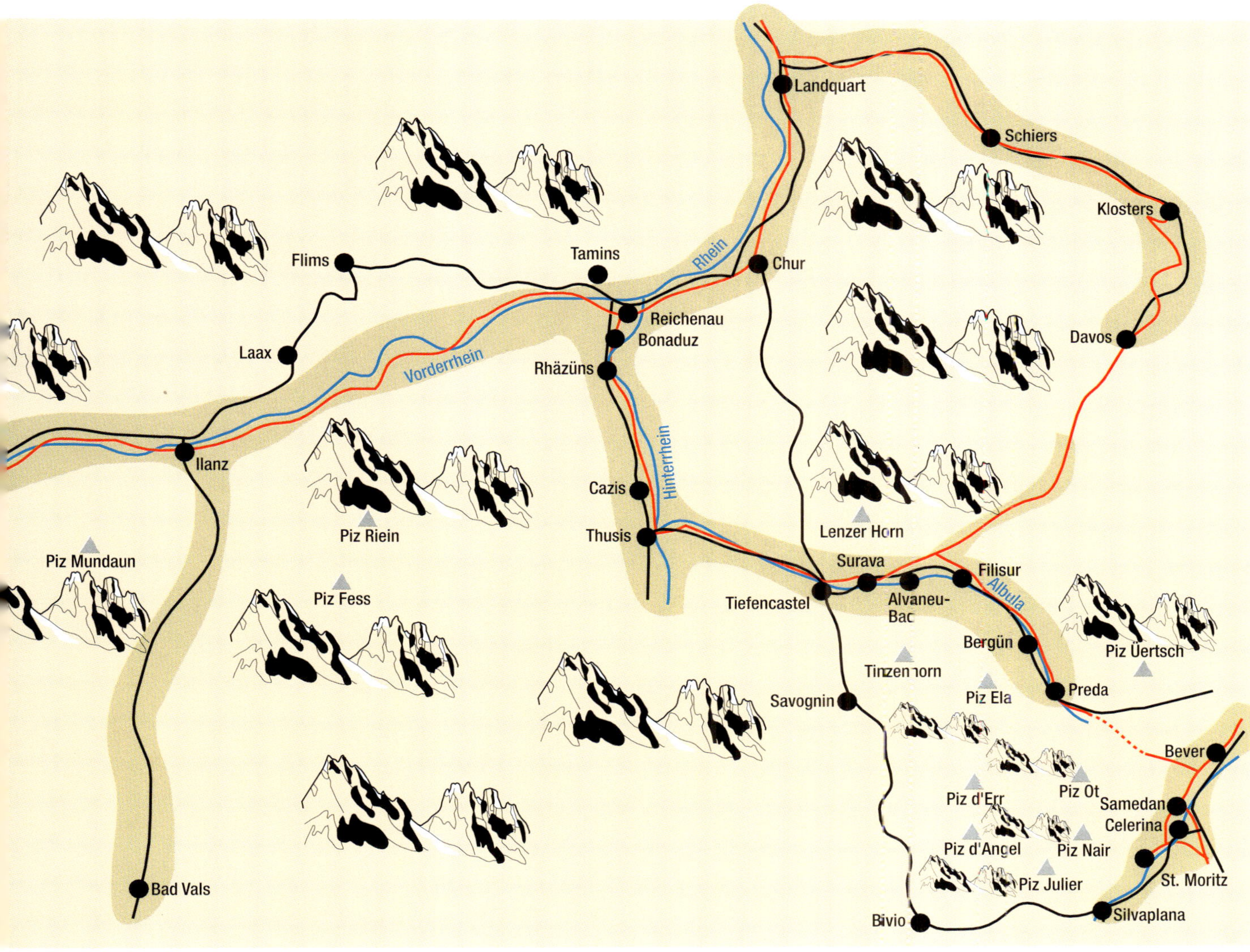

Abenteuerliche Streckenführung zwischen Bergün und Preda. Mehrmals überquert der Zug die Albula. Vor Sonderzügen kommen hier die legendären »Krokodile« des Typs Ge 6/6 zum Einsatz.

Die Bauarbeiten an der 56 km langen Engadiner Linie Pontresina–Samedan–Scuol-Tarasp begannen im Juni 1906, der Eröffnungszug verkehrte am 1. Juli 1913, und zwar mit elektrischer Traktion. Der elektrische Betrieb bewährte sich so gut, und die Kohlenknappheit im Ersten Weltkrieg beeinträchtigte den Betrieb auf der Albula-Linie derartig, dass die RhB im Mai 1918 beschloss, auch die Albula-Linie zu elektrifizieren. Im April 1920 war die Strecke zwischen St. Moritz und Thusis fertig, und 1921 der Rest bis Chur.

Gleichstrom-Linien

Die zunächst nur für den Sommerbetrieb gedachte, 61 km lange Bernina-Bahn St. Moritz–Pontresina–Tirano (Italien) nahm als selbständige Bahngesellschaft den Verkehr im Juli 1910 auf. Von Anfang an kamen elektrische Fahrzeuge zum Einsatz, die mit Gleichstrom von 700, später 1000 Volt versorgt wurden. Ab 1913/14 war auch der Winterbetrieb möglich, und 1943 bedeutete eine Fusion mit der RhB die letzte Rettung für die Bahngesellschaft, die unter großen finanziellen Schwierigkeiten litt.

Ebenfalls als selbständige Bahn, und zwar als erste Gleichstrombahn Europas mit 1500 Volt, wurde am 27. Juli 1907 die 31,3 km lange Ferrovia Elettrica Bellinzona–Mesocco in Betrieb genommen. Da sich die Verbindung Mesocco–San Bernardino–Thusis nicht realisieren ließ, führte die Linie, die mehrmals von Unwettern heimgesucht und 1942 von der RhB übernommen wurde, ein »Inseldasein«. Am 28. Mai 1972 wurde der Personenverkehr auf die Straße verlagert und der Abschnitt Bellinzona–Castione-Arbedo stillgelegt. Seit einem schweren Unwetter im Jahre 1978 ist der Güterverkehr auf die Strecke Castione-Arbedo–Cama beschränkt, wo seit einiger Zeit im Sommer eine interessante, privat betriebene Museumsbahn verkehrt.

Wie kommt die Werbung auf die Lok? Es gab eine Zeit, da waren die Finanzen bei den Bahnen kein Thema. Doch heute versucht jede Gesellschaft, ihre Einnahmen zu verbessern – und Werbung ist ein lukratives Geschäft. Die farbenfrohen Loks beleben das bunte Farbenspiel auf Schweizer Gleisen und bieten Modellbahnherstellern willkommene »Sortimentserweiterungen«. Das Bild mit dem »Glacier« und der Ge 4/4 III Nr. 647 »Capito« entstand bei Filisur.

Die dritte ehemals selbständige Bahn ist die 26 km lange Chur–Arosa-Bahn, die zu Beginn mit Gleichstrom von 2400 Volt verkehrte und am 12. Dezember 1914 eröffnet wurde. Die Linie verfügt über etliche sehenswerte Kunstbauten, vor allem Viadukte. 1942 fusionierte die Bahngesellschaft mit der RhB, und am 29. November 1997 wurde das Stromsystem auf Wechselstrom von 11 kV und 16,7 Hz umgestellt, der auf dem Stammnetz üblich ist. Dies brachte erhebliche betriebliche Vereinfachungen, auch wenn die Züge noch immer wie eine Straßenbahn durch Chur rollen.

Die Oberländer Linie

Die Oberländer Linie Reichenau-Tamins–Disentis wurde in zwei Etappen eröffnet: am 1. Juni 1903 bis Ilanz, am 1. August 1912 bis Disentis. Hier war wieder das Können der Ingenieure gefragt, da die Trasse in der steinschlag- und hochwassergefährdeten Rheinschlucht in unmittelbarer Nähe des Flusses verläuft und manche Brücken im weiteren Verlauf umfangreiche Sicherungsmaßnahmen erforderten.

10. Etappe: Disentis–Ilanz

Gourmet-Freuden bei der RhB. Haute-cuisine im »Glacier«-Speisewagen.

In Disentis (Bahn-km 72,875) werden, wie bereits erwähnt, alle Glacier-Express-Züge umrangiert: Vor allem tauscht man die Triebfahrzeuge aus, da die Adhäsionsloks der RhB die Zahnstangenstrecke nicht befahren können und die FO-Loks in der Regel nicht über Disentis hinaus verkehren, obwohl dies technisch möglich wäre.

RhB-Kunstbauten noch und noch...

Der aus St. Moritz kommende Doppelspeisewagen wendet wegen seines großen Gewichts in Disentis, auch die mit großen Tischen ausgerüsteten Ersatzspeisewagen, die vor allem die »Gourmino«-Oldtimer verstärken. Schließlich bleiben die Regionalteile, die den Glacier-Express-Zügen zwischen Chur und Disentis mitgegeben werden, im Bahnhof. Außerdem müssen viele Züge getrennt werden, weil auf der RhB-Linie bis zu 14 Reisezugwagen erlaubt sind, während auf der Oberalp-Strecke – je nach Lok- und Wagen-Typ – höchstens sieben Wagen angehängt werden dürfen. Für Gruppenreisende gibt es häufig einen Aufenthalt zum Mittagessen, wenn die Plätze im Speisewagen nicht ausreichen.

Die neue Ausfahrweiche liegt bereits auf der Gefällstrecke nach Sumvitg-Cumpadials hinunter, und zwar auf einer Brücke über die Straße. Auf die kleinen Stationen Sumvitg-Cumpadials und Rabius-Surrein, wo in der laufenden Fahrplanperiode die planmäßigen Zugkreuzungen stattfinden, folgen Trun (852 m; drei Bahnhofs- und drei Abstellgleise) und Tavanasa-Breil/Brigels (788 m; drei Gleise). Dieser Streckenabschnitt weist verschiedene Kunstbauten auf, u.a. den Sogn-Placi-Viadukt, der 1984 von einer Lawine weggerissen wurde und neu erstellt werden musste. Außerdem befährt der Zug den Val-Lumpegna-Viadukt – eine Kombination aus Lehnenviadukt und Talübergang, der eine Lawinenwarnanlage mit Signalen besitzt – sowie den vierbogigen Russein-Viadukt, dessen Pfeiler auf locke-

Info

Ilanz, die erste Stadt am Rhein mit einem sehenswerten, mittelalterlichen Ortskern, ist der Verkehrsknotenpunkt in der unteren Surselva und erschließt eine Region, die hervorragende Möglichkeiten für Sommer- wie Winterferien bietet. Die »Weiße Arena«, die von Flims, Laax und Falera mit leistungsfähigen Seilbahnen zu erreichen ist, bietet für jeden Geschmack etwas, z.B. eine 14 km lange Abfahrt und 60 km Langlaufloipen.

rem Boden stehen, was umfangreiche Befestigungen erforderte.

Von Tavanasa führt eine Stichstraße nach Breil (1283 m) – auch Brigels genannt –, das auf einer Terrasse über dem Vorderrheintal liegt und über gute Wintersportmöglichkeiten verfügt. Der kleine Ort besitzt eine interessante Kirche mit kostbaren Fresken aus dem 14./15. Jahrhundert, und in der Umgebung gibt es drei beachtenswerte alte Kapellen sowie die Ruine der frühmittelalterlichen Kirchenburg Jörgenberg. Die Namen der nächsten Bahnhöfe verraten, dass in dieser Region ein Dialekt des Rätoromanischen, der vierten Landessprache der Schweiz, gepflegt wird: Vuorz (Waltensburg), Rueun, Schnaus-Strada heißen die Stationen; letztere wird im öffentlichen Personenverkehr nicht mehr bedient, während eine Baufirma das Anschlussgleis nutzt. Bei Bahn-km 43,7 besteht der Anschluss »Valser Wasser«, wo das Mineralwasser, das Lastwagen von Vals nach Ilanz bringen, in Schiebewandwagen der RhB umgeladen und nach Untervaz transportiert wird. Seit 1983 befördert die RhB täglich bis zu 230 000 l Mineralwasser, wozu eine Zeitlang auch die von der FO geliehene HGe 4/4 I Nr. 37 eingesetzt wurde.

Erste Stadt am Rhein und alpine Ausflüge

Ilanz (698 m) besitzt vier Bahnhofs- und vier Abstellgleise und ist in der unteren Surselva der zentrale Umsteige-Knotenpunkt zwischen der Bahn und den auf den Taktfahrplan der RhB ausgerichteten Postauto-Kursen. In der Lok-Remise ist die Ge 2/4 Nr. 212 für den Rangierdienst und die Übergabefahrten zum Anschluss »Valser Wasser« beheimatet. Die erste Stadt am Rhein mit dem romanischen Namen »Glion« wird 765 erstmals urkundlich erwähnt und besitzt die Stadtrechte seit 1289. Dass der alte Marktort in früheren Jahrhunderten eine große Bedeutung besaß, verdeutlichen die Reste der spätmittelalterlichen Stadtbefestigung. Außerhalb des Ortes liegt die Kirche St. Martin, die ursprünglich zu einem Kirchenkastell gehörte, während der heutige Bau aus dem 14. Jahrhundert stammt. Von hier hat man einen fantastischen Blick auf die Stadt Ilanz.

Lohnend ist ein Ausflug in das hochalpine Valser Tal, ein ideales Erholungsgebiet mit der bekannten Mineralquelle und einem modernen Thermalbad. Die auf einer Sonnenterrasse gelegenen Ferienorte Flims, Laax und Falera, die ab Ilanz von Postautos bedient werden, besitzen mit dem Vorabgletscher (2570 m) ein Ganzjahres-Skigebiet, die 140 km² große »Weiße Arena«, die von 33 Bergbahnen erschlossen wird und 56 Pisten mit einer Gesamtlänge von 220 km aufweist. Dazu kommen zwei Rodelbahnen und 60 km Langlaufloipen sowie im Sommer eine Gleitschirmflugschule und herrliche Wanderwege. Flims besitzt auch einen guten Ruf als Luftkurort, weil es in einer weiten windgeschützten Mulde unter den Felsen des Crap da Flem liegt. Im Sommer ist eine Fahrt zum Cassonsgrat (2637 m) lohnend, einem Bergrücken, der dem Trinser Horn (3028 m) vorgelagert ist und eine herrliche Aussicht bietet.

Die Bahn fährt im Tal, doch hoch oben auf Sonnenterrassen liegen Ferienorte über dem Nebel – zum Beispiel Brigels, wo schon das Postauto am Bahnhof Tavanasa wartet (ganz oben) oder Crap Sogn Gion (oben). Hierher gelangt man mit dem Postauto ab Ilanz und ab Laax mit einer Großkabinenbahn bis zum Panoramaplatz hoch über dem Rheintal.

1
Furka-Oberalp

Beim Anblick von Dampfmaschinen schlagen nicht nur Bubenherzen höher. In Ilanz kreuzt der »Glacier« einen Dampf-Sonderzug (links außen). Im Herbst ist die Sicht in der Surselva meist klar, so dass man bis weit hinunter ins Tal sehen kann. Der Zug schlängelt sich zwischen Disentis und Sumvitg dem linken Talhang entlang (großes Bild). Unten: Malerische Holzhäuser in Brigels.

11. Etappe: Ilanz–Reichenau

Kommt das Boot erst ins »White Water« – also ins »wilde Wasser«, wie die Amerikaner sagen –, heißt es paddeln, was das Zeug hält.

Zwei Kilometer nach Ilanz gibt es die Station Castrisch (705 m ü.M.; Bahn-km 40,738), die jahrelang zur Haltestelle mit einem Stumpengleis reduziert worden war. Um Ilanz von Zugkreuzungen zu entlasten und den Taktfahrplan zu stabilisieren, wurde sie 1994 ausgebaut und weist nun eine Kreuzungslänge von 360 m auf. Am 17.12.1968 hat sich in Castrisch ein folgenschwerer Unfall ereignet, als das RhB-«Krokodil« Nr. 410 mit einem Fahrleitungs-Turmwagen zusammenstieß, wobei leider ein Todesopfer zu beklagen war.

Die Ruinaulta

Nach dem Bahnhof verengt sich das Tal zusehends, denn der Zug fährt in die wildromantische, rund 15 km lange Rheinschlucht, auf Rätoromanisch die »Ruinaulta« ein. Hier hat sich vor Jahrtausenden der größte Bergsturz der Alpen ereignet, und der Fluss gräbt sich Jahr für Jahr tiefer in das Gestein ein, so dass bis zu 300 m hohe weiße Felswände und Felstürme aufragen. Was die Fahrgäste immer wieder begeistert und die Fotoapparate klicken lässt, bedeutet für die RhB große finanzielle Aufwendungen, um die umfangreichen Schutzbauten zu unterhalten und die Sicherheit der Strecke zu gewährleisten. Denn die Linie wird einerseits von Steinschlag und Bergrutschen bedroht, vor denen die massiven Steinschlaggalerien z.B. beim Bahnhof Valendas-Sagogn einen gewissen Schutz bieten. Doch kommt es ab und zu vor, dass eine Lok auf einen Felsbrocken auffährt. Andererseits bedroht vor allem im Frühjahr Hochwasser die Trasse mit Unterspülungen, denen die

RhB durch solide Stützmauern zu begegnen versucht.

Außer mit dem Zug kann die Rheinschlucht nur zu Fuß auf herrlichen Wanderwegen oder mit dem Boot durchquert werden, wobei erfahrene Guides die Zehn-Personen-Schlauchboote zwischen Ilanz und Versam durch die Schlucht steuern und den Mitrudernden auf einer Sandbank bei einem Picknick auch eine Erholungspause gönnen. Die Kanuschule Versam bietet außer dem River-Rafting auch Schulungsmöglichkeiten auf Kajaks an.

Zwei Straßen umfahren die Ruinaulta: Die Hauptstraße befindet sich auf den nördlichen Anhöhen und berührt die bereits erwähnten Ferienorte Flims, Laax und Falera. Die weitaus interessantere Variante ist die alte »Versamer Straße« am südlichen Hang, doch ist sie nur geübten Autofahrern anzuraten. Beide Straßen treffen sich in Ilanz und verlaufen dann weiter in Richtung Disentis und Oberalppass. Da die Orte erhöht an den Talflanken liegen, haben die Bahnhöfe Valendas-Sagogn, Versam-Safien und Trin nur für Wanderer bzw. als Kreuzungspunkte eine Bedeutung.

Übergabe im Provinzbahnhof

Kurz vor Reichenau-Tamins überquert die Oberländer Linie auf einer alten Stahlbrücke den Vorderrhein, trifft anschließend auf die von rechts kommende Albula-Strecke, kreuzt auf einer weiteren sehens- und fotografierenswerten Stahlbrücke den Hinterrhein und mündet in den Bahnhof Reichenau-Tamins. Die umfangreichen Anlagen mit mehreren Abstell- bzw. Industriegleisen wurden wiederholt umgebaut, erstmals 1902/03 anlässlich der Einführung der Strecke nach Ilanz. Während die Züge der Oberländer Linie zunächst in Reichenau wendeten, wurden sie 1904 bis Chur verlängert. Seit 1961 endet die aus Chur kommende Doppelspur im Bahnhofsbereich, wobei alle Reisezüge die Gleise 3 und 4 am Mittelperron benutzen, der über eine Unterführung zu erreichen ist. Die weiteren drei Bahnhofsgleise sind Güterzügen bzw. Rangier-Kompositionen vorbehalten. Für die Glacier-Express-Züge hat Reichenau-Tamins eine größere Bedeutung, weil dort Kurswagengruppen umgehängt werden: Im Winter findet in der Station die Übergabe des Kurswagens von / nach St. Moritz statt, eines erstklassigen Panoramawagens der FO, zu dem sich höchstens an Wochenenden ein RhB-Wagen 2. Klasse gesellt. Im Sommer macht neben dem nur an einzelnen Tagen verkehrenden »Alpine Classic Pullman Express« der aus St. Moritz kommende Glacier-Express H in Reichenau »Kopf« – d.h. hier wechselt er die Fahrtrichtung und die Lok.

Hoch über der Schlucht erheben sich jene Berge, von denen sich der größte erdgeschichtliche Bergsturz Europas löste. Vor etwa 14 000 Jahren donnerten 15 Milliarden Kubikmeter Gestein ins Tal und bildeten damit das heutige Hochplateau und mit der Zeit die tiefe Ruinaulta.

Einen fantastischen Überblick über die Schlucht hat man von der alten »Versamer Straße«.

Die großartige Ruinaulta zwischen Ilanz und Reichenau wird auch als »Grand Canyon« der Schweiz bezeichnet. Durch sie zwängen sich nicht nur abenteuerliche Boote, sondern auch die Rhätische Bahn mit dem »Glacier«.

12. Etappe: Reichenau –Chur

Die Auenlandschaft am Unterlauf des Hinterrheins gehört ins Bundesinventar der Landschaften und Naturdenkmäler von nationaler Bedeutung.

Info

Chur, die älteste Stadt der Schweiz, ist der Hauptort und das Handelszentrum Graubündens, außerdem ein wichtiger Verkehrsknotenpunkt mit einer guten touristischen Infrastruktur. Es besitzt eine sehenswerte Altstadt sowie mehrere Museen und gilt als Tor zu den vielen bekannten Ferienzentren im größten Schweizer Kanton, die hervorragende Erholungs- und Sportmöglichkeiten im Sommer wie Winter anbieten. Aber auch Chur selber ist in dieser Hinsicht attraktiv.

Wegen des hohen Verkehrsaufkommens baute die RhB den Abschnitt Reichenau–Chur (als einzige Strecke) 1961 auf Doppelspur aus. In Domat-Ems wird das südliche Gleis der Doppelspur sogar zum Dreischienengleis, weil sich dort das international tätige Werk der Ems-Chemie befindet, in dem Kunststoffe und Kunstfasern hergestellt werden.

Das Dreischienengleis

Vom Aufwand her wäre es nämlich nicht zu rechtfertigen gewesen, die Produkte und Rohstoffe für eine so kurze Strecke in meterspurige Güterwagen umzuladen oder die Normalspur-Güterwagen auf Rollschemeln zu transportieren. Da die SBB-Loks, die eigentlich eine Betriebsspannung von 15 kV gewohnt sind, auch unter der RhB-Spannung von 11 kV verkehren können, haben sich entlang der Strecke weitere Industriebetriebe angesiedelt, die ebenfalls mit Dreischienengleisen erschlossen werden. Aus diesem Grunde erfuhr auch der Bahnhof Felsberg einen entsprechenden Umbau.

Wenn die Züge nach Chur (584 m ü.M.) einfahren, befinden sich in Fahrtrichtung links auf dem Gleisvorfeld zwei Abstellgruppen für die RhB-Wagen und rechts auf der »SBB-Seite« die Einmündung des Dreischienengleises von Domat-Ems. Wenn man genau hinsieht, entdeckt

Chur, die älteste Stadt der Schweiz, hat eine lange Siedlungsgeschichte: Die frühesten Funde stammen aus der Jungsteinzeit. Nach der Eroberung Rätiens (15 v. Chr.) bauten die Römer eine Militärstation. Die »Curia Raetorum« sicherte die Bündner Alpenpässe, wurde 284 Hauptstadt der Provinz »Raetia Prima« und 451 Bischofssitz. Während des »Heiligen Römischen Reiches Deutscher Nation« waren die Churer Bischöfe Reichsfürsten und mächtige Landesherren, im 15. Jahrhundert löste sich die Stadt vom Bistum, 1523 erfolgte die Reformation und 1803 der Beitritt von »Alt fry Rätien« zur Eidgenossenschaft.

Ein Stadtrundgang, der z.B. am Postplatz beginnt und durch die engen Altstadt-Gassen zwischen Bischöflichem Hof und Plessur führt, ist sehr lohnend. Auch die Kathedrale, die Kirche St. Luzi (12. Jahrhundert) beim ehemaligen Prämonstratenserkloster und das Rätische Museum sind einen Besuch wert. Um die Altstadt gruppiert sich das moderne Chur, das in jeder Hinsicht die »Metropole« Graubündens mit guter touristischer Infrastruktur ist und interessante Ausflugsmöglichkeiten bietet z.B. nach Bad Passugg, Praden und Tschiertschen.

Gemütliche Gassen mit Laternen und Blumenschmuck laden in der Stadt Chur zum Spaziergang ein. Chur, Hauptort Graubündens, ist ein wichtiger Verkehrsknoten von SBB und RhB.

man auch die Abzweigung des dreischienigen Industriestammgleises »Maduzengut« der Stadt Chur und die Übergaberampe für Rollschemel. Die RhB-Züge von / nach St. Moritz werden auf Gleis 6 abgefertigt, weil das SBB-Gleis 5 am gleichen Bahnsteig für die Züge nach / von Zürich-Basel reserviert ist. Der Glacier-Express, die Schnellzüge Chur–Davos, die die Garnituren der Regionalzüge Disentis–Chur übernehmen, verkehren ab Gleis 7 (oder 8), während Gleis 9 nur bei »Großandrang« benutzt wird. Daneben befinden sich mehrere Abstellgleise sowie eine Lokremise. Der Bahnhof Chur besitzt für den nationalen wie internationalen Verkehr eine große Bedeutung, und auf der neu angelegten Plattform über den Bahnhofsgleisen fahren die Postbusse in alle möglichen Richtungen ab.

Graubündens Hauptstadt Chur – umgeben von herrlichem Gebirgspanorama.

Ein Ausflug nach Arosa

Edelweiß und Blau als »Hausfarbe« nicht nur auf dem Arosa-Express, sondern auch auf den Großkabinen der Weißhorn-Bahn.

Der Vorplatz des Churer Bahnhofs bildet mit einem zweigleisigen Haltepunkt den Ausgangspunkt für die Chur-Arosa-Bahn (ChA). In östlicher Richtung schließt sich eine Rangier- und Abstellgruppe an; dort gibt es ein Verbindungsgleis zum RhB-Stammnetz, das in Richtung Landquart die SBB-Strecke kreuzt.

Mit 11 000 Volt in den Kurort Arosa

Die ChA nahm als eigenständige Bahngesellschaft 1914 den Betrieb mit elektrischer Traktion und der relativ hohen Gleichspannung von 2400 V auf, 1942 fusionierte sie mit der RhB. Die 26 km lange Strecke mit einer maximalen Neigung von 6 % wurde in den Neunzigerjahren vor allem mit drei Pendelzügen bedient, die mit den Triebwagen ABDe 4/4 Nrn. 481–486 bzw. ABe 4/4 Nrn. 487–488 häufig in Doppeltraktion bespannt waren. In der winterlichen Hochsaison kamen die alten Bernina-Triebwagen ABe 4/4 Nrn. 30–34 als Verstärkung zum Einsatz.

Ende November 1997 erfolgte die Umstellung auf Wechselstrom von 11 kV und 16,7 Hz, und seither werden die (Pendel-) Züge von Ge 4/4 II-Lokomotiven gezogen. Seit der Umstellung verkehrt auch der »Arosa-Express« mit fröhlich lackierten, blauen Wagen. Übrigens wurden die Triebwagen ABDe 4/4 Nrn. 484 und 486 an die französische Chemin de fer St. Georges-de-Commiers–La Mure und die ABe 4/4 Nrn. 487–488 an die Chemins de fer du Jura (CJ) verkauft.

Erlebnisreiche Fahrt über der Schlucht

Der erste Teil der Fahrt geht durch die Straßen von Chur, vorbei am Obertor, einem Teil der ehemaligen Stadtbefestigung, und am Plessurquai entlang, bevor die eigentliche Strecke beim alten Depot Sand beginnt. Obwohl das Projekt, im Stadtgebiet einen Tunnel zu bauen und einen neuen Bahnhof unter den bestehenden RhB-Gleisen 6–8 anzulegen, in einer Volksabstimmung genehmigt wurde, konnte das Vorhaben aus finanziellen Gründen bisher nicht realisiert werden. Im Sassal verläuft die Strecke, die sich parallel zur Plessur durch die Gegend schlängelt, in einer besonders schwierigen Topographie. Der Bündner Schiefer ist nämlich sehr brüchig, so dass die Bahn mit massiven Galerien geschützt werden muss. Wo der Bergdruck zu stark ist, setzte man statt Mauerviadukten lieber Eisenbrücken ein, weil sich diese leichter reparieren lassen. Die Brücke über den Castieler Tobel mündet nicht nur unmittelbar in einen Tunnel, sondern sie wird im Abstand von Jahrzehnten jeweils ein Stück weiter in diesen hingezogen, weil sich die Betonfundamente von zwei Brückenpfeilern in einem Kriechhang befinden, der sich pro Jahr etwa 10 mm abwärts bewegt. Die Bahn befährt nicht nur die düsteren Plessur-Schluchten, sondern auch sonnige Hänge, z.B. bei Peist. Das imposanteste Bauwerk der Linie ist sicher der 287 m lange und 62 m hohe Langwieser Viadukt, der schon früh als Eisenbeton-Konstruktion erstellt wurde. Unter dem Viadukt, dessen Hauptbogen eine Spannweite von 100 m hat, vereinigen sich die Plessur und der Sapünerbach. Der mit 1742 m höchste Punkt der Linie ist zugleich der Endpunkt, nämlich der Bahnhof von Arosa, von dem aus man einen schönen Blick auf Furkahörner, Amselfluh und Schießhorn hat.

Der Ort, der von Chalets und Hotels geprägt ist, hat sich aufgrund seiner klimatisch bevorzugten Lage und einer Umgebung, die für Wanderungen und den Skisport sehr gut geeignet ist, zu einem international bekannten Sommer- und Wintersportzentrum entwickelt. In Innerarosa (1895 m) lohnen das »Bergkirchli« von 1492 und das Heimatmuseum einen Besuch. In der Nähe des idyllischen Obersees befindet sich die Talstation der Seilschwebebahn zum Weißhorn (2653 m), das eine herrliche Aussicht in die Bündner Alpen bietet.

Noch vor 150 Jahren lag Arosa mit nur 56 Einwohnern wohl am »Ende der Welt«. Der Aufschwung kam mit dem Bau von Straße und Bahn. Heute bieten sich dem Besucher über 200 Kilometer Wanderwege. Viele davon dürfen auch mit dem Bike befahren werden.

Ein Foto aus der Zeit, als noch Triebwagen mit 2400 Volt nach Arosa fuhren.

Arosa
Arosa

Arosa erreicht man nach einer abenteuerlichen Fahrt über kühne Brücken. Der Langwieser-Viadukt, ein frühes Betonbauwerk (links außen), ist 284 m lang. Den blauen Arosa-Express (großes Bild) gibt es seit der Umstellung auf Wechselstrom im November 1997. In Arosa angekommen, lohnt sich vielleicht in der warmen Reisezeit ein erfrischendes Bad im Untersee.

Davoser Runde

Die eingleisige, rund 14 km lange Strecke Chur–Landquart, die neben der SBB-Doppelspur verläuft und diese in Untervaz überquert, weist ein hohes Verkehrsaufkommen auf: Regionalzüge Thusis–Schiers und Schnellzüge Chur–Davos im Stundentakt, viele Güterzüge, im Sommer ein Glacier-Express-Zugpaar sowie Leerfahrten von Loks und Wagengarnituren. Deshalb bestehen an allen Zwischenstationen, außer in Trimmis, Kreuzungsmöglichkeiten.

RhB-Hauptwerkstätte in Landquart

Untervaz besitzt ein starkes Güteraufkommen, weil die Bündner Cementwerke, das Verteilzentrum der Valser St. Petersquelle, ein Kieswerk, ein Recycling Center und eine Kehrichtverbrennungsanlage mit Kraftwerk erschlossen werden, und zwar teilweise mit Dreischienengleisen.

In Landquart befindet sich das Betriebszentrum der RhB mit der Hauptwerkstätte, dem bekannten, halbrunden Lokdepot mit Drehscheibe, umfangreichen Abstell- und zum Teil dreischienigen Industriegleisen. Der Güterumschlag zwischen SBB und RhB findet dort statt, und es gibt eine Übergabeanlage für Rollschemel, die bis Küblis verkehren können. Bereits 1897 wurde ein Dreischienengleis zu einem RhB-Lagerhaus gebaut. Seit der Eröffnung des Vereina-Tunnels wenden die verpendelten RegioExpress-Züge Scuol–Landquart im Bahnhof, während die Davoser Schnellzüge bis Chur verlängert wurden.

Der »Glacier«-Flügelzug unternimmt einen Abstecher nach Davos. Das Bild zeigt einen Vier-Wagen-Zug, gezogen von einer Ge 4/4 III am Davoser See.

Die Strecke führt in einem Bogen durch das Rheintal und am Weinbauerndorf Malans vorbei. Nachdem die Klus teils offen, teils in einem Tunnel durchfahren wurde, öffnet sich das Prättigau, dessen Name sich von »pratum«, »Wiese«, ableitet. Zwischen Schiers, dem Hauptort des unteren Prättigau mit Schnellzugstation, und Furna wurde die Strecke in den Siebzigerjahren begradigt und in den Fuchsenwinkel-Tunnel verlegt. Auf die Stationen Jenaz und Fideris, deren Anlagen für automatische Kreuzungen verlängert wurden, folgt Küblis, der Anfang der 4,5 %-Rampe nach Davos und das Ende der mit 12 km Länge und 2000 m Höhendifferenz interessantesten Skiabfahrt Europas.

Über drei kleine Bahnhöfe geht es nach Klosters (1191 m), ursprünglich ein Kopfbahnhof, der von 1929 bis 1932 wegen der fehlenden Erweiterungsmöglichkeiten und des aufwendigen Betriebs in einen Durchgangsbahnhof umgebaut wurde. Man erstellte eine neue Brücke über die Landquart und den Klosterser Tunnel als Verbindung zur alten Trasse. Beim Bahnhof befindet sich auch die Talstation der Luftseilbahn zum Gotschnagrat-Parsenn. Wegen der Vereina-Strecke erfuhr der Bahnhof in den Neunzigerjahren einen weiteren Umbau: Es entstand die zweigleisige Landquart-Brücke und der 2160 m lange Zugwaldtunnel. Er erschließt den neuen Bahnhof Klosters Selfranga, der über mehrere Abstellgleise und eine Halle für den Unterhalt der Autozugwagen verfügt und der Autoverladung durch den 19 km langen Vereina-Tunnel dient. Cavadürli ist durch seinen Kehrtunnel bekannt, und in Davos Platz (1540 m) enden fast alle Züge. Neben fünf Bahnhofsgibt es etliche Abstellgleise und eine vierständige Lokremise mit Drehscheibe.

Vor der Einführung des Heidiland-Bernina- und Winter-Panorama-Express gab es auf der Verbindungsstrecke Davos-Filisur nur Regionalverkehr.

Zwischen Davos und Filisur gibt es eine Schlucht zwischen zwei Tunneln. Eine kurze Brücke führt darüber – aber der Augenblick ist für die Reisenden zu kurz, und so bleibt dieses grandiose Naturschauspiel (unten) meist unentdeckt.

Herbsttag im Prättigau: noch blühen die Geranien vor den Fenstern.

Der Mauerviadukt bei Brombenz wurde schon oft fotografiert und im Modell nachgebaut. Der Zug überquert die Landwasser und die alte Straße. Ganz im Gegensatz zur beklemmenden Enge das weite Hochtal mit dem Davoser See (kleines Bild, unten).

13. Etappe: Chur–Thusis

Das untere Domleschg ist reich an Burgen und Ruinen. Unzerstört blieb Schloss Ortenstein, das weitherum sichtbar auf einem Hügel bei Tomils thront.

Im heutigen Konzept verkehren die meisten Glacier-Express-Züge über Chur, weil für die Zahnradstrecken Vorschriften hinsichtlich der Zusammenstellung der Kompositionen zu beachten sind: So dürfen z.B. die Speisewagen-Oldtimer ohne Bremszahnrad nur hinter der Lok verkehren. Die aufwendigen Rangierarbeiten werden in Chur erledigt, um Disentis zu entlasten. Die aus Zermatt kommenden Kurswagen verkehren in der Regel mit planmäßigen Schnellzügen nach St. Moritz.

Burgen und Ruinen

Die Strecke Chur-Reichenau wird also in der Regel zweimal befahren, doch nach der 151 m langen Eisenbrücke biegt die Albula-Linie mit einer langen Schleife in das Domleschg, das »Rhätische Burgenland« mit 20 Schlössern, Wehrbauten und Burgruinen ein. Auf Bonaduz folgt Rhäzüns, das wegen seines Mineralwassers, des Schlosses und der Kirche Sogn Gieri mit einer gut erhaltenen, aus dem 14. Jahrhundert stammenden Ausmalung bekannt ist. In dem Schloss aus dem 13. Jahrhundert residierten von 1497 bis 1815 Herren, deren Herrschaftsbereich eine österreichische Exklave mitten im Bündnerland bildete.

In Rothenbrunnen (622 m) gibt es neben dem selten benutzten Anschlussgleis zur Zentrale des Kraftwerkes Zervreila auch ein Industriegleis, das 1997 zur Erschließung des Gewerbegebietes Unterrealta angelegt wurde. Die Burgruine Nie-

Info

Thusis, das letztmals 1845 durch einen Brand zerstört wurde, bietet in seiner Umgebung gute Wander- und Wintersportmöglichkeiten und ist der ideale Ausgangspunkt für interessante Ausflüge: Auf einem Felsriegel bewacht die Burg Hochrätien den Eingang zur Viamala, und Crap Carschenna mit den in den Fels geritzten Zeichnungen liegt in der Nähe. Die Schynschlucht, die Rheinauen und das Domleschg mit seinen Burgen und Schlössern sind weitere attraktive Ausflugsziele.

der-Juvalta und das mächtige, auch heute noch bewohnte Schloss Ortenstein bei Tomils faszinieren die Fahrgäste. Oberhalb von Cazis liegt ein Dominikanerinnen-Kloster, der wohl älteste Klosterbetrieb der Schweiz. Auf der Fahrt bis Thusis sind weitere interessante Bauten zu entdecken, und die malerischen Rheinauen laden zum Wandern ein.

Thusis (697 m) besitzt sowohl für den Personen- als auch für den Güterverkehr eine große Bedeutung, und die Anlagen wurden von 1990 bis 1993 grundlegend modernisiert, wobei z.B. ein niveaufrei zugänglicher Mittelperron entstand. Bis Thusis können die RhB-Rollschemel mit normalspurigen Güterwagen verkehren. Von der modernen Postautostation gegenüber dem RhB-Bahnhof verkehren Linien in alle mögliche Richtungen, z.B. nach Andeer–San Bernardino, wo vor dem Ersten Weltkrieg eine Meterspurbahn geplant war, die jedoch nicht gebaut wurde. Im Winter besteht in Thusis eine Autoverladung nach Samedan.

Während Thusis selber nur wenige alte Gebäude besitzt, weil es mehrmals durch Großbrände zerstört wurde, lädt z.B. die Viamala zu einem hochinteressanten Ausflug ein: Bereits im Jahre 401 ist ein römisches Heer über diesen Weg gezogen, der Ausbau der ersten Straße ist für 1473 verbürgt, und die zweite Straße folgte 1739. Doch wurden die Straßen und Brücken immer wieder durch Hochwasser oder Steinschlag zerstört, bis man Galerien und Tunnel anlegte. Die Burg Hochrätien am Eingang zur Viamala ist sehenswert, gleichfalls die in den Fels geritzten Zeichnungen am Crap Carschenna.

Eine klimatische Oase mit Burgen und Schlössern erstreckt sich zwischen Reichenau und Rodels. Während der Zug gemächlich in Richtung Thusis fährt, ziehen auf der linken Seite die letzten großen Flussmäander der Schweizer Alpen vorbei. Die Dynamik des Wassers schafft in der Auenlandschaft am Unterlauf des Hinterrheins fortwährend neue Inseln.

Im Norden der 151 m lange Stahlbrücke bei Reichenau fließen Hinter- und Vorderrhein zusammen.

Landschaftliche Kleinode gibt es in der Schweiz viele, man muss sie nur entdecken. Wer kennt schon den Leg da Canova? Der kleine See liegt versteckt in einer nur zu Fuß zu erreichenden Mulde bei Paspels (links außen). Aber auch die weltberühmte Viamala am Hinterrhein (unten) ist einen Besuch wert. Und die winterliche Schönheit des Domleschg (großes Bild) hat es ebenfalls in sich.

14. Etappe: Thusis–Tiefencastel

Für den rund 2 km langen Abschnitt von Thusis nach Sils im Domleschg, das von der Burg Ehrenfels überragt wird, wurden mit der Erweiterung der Hinterrheinbrücke Vorbereitungen für eine Doppelspurinsel getroffen, die fliegende Zugkreuzungen ermöglichen würde. Doch lässt der definitive Ausbau, der vor allem bei Verspätungen Verbesserungen mit sich brächte, noch eine Zeitlang auf sich warten. Auch im heutigen Fahrplankonzept finden die Schnellzugkreuzungen hauptsächlich in der zweigleisigen Station Sils i. D. (735 m ü.M.) statt, deren Anlagen auf 280 m Länge ausgebaut sind.

Über den höchsten Viadukt der RhB

Bei der Weiterfahrt verdient das zauberhafte Hochzeitskirchlein von Sils die Aufmerksamkeit der Reisenden. Kurz nach der Station Solis (851 m), die zwei Bahnhofs- und zwei Abstellgleise aufweist und durch ihren

Von Tiefencastel lohnt sich ein Abstecher zum Heidsee bei Lenzerheide.

Zu den Höhepunkten der Fahrt von Chur nach St. Moritz zählt der 164 m lange und 89 m hohe Soliserviadukt. Tief unten brodelt die Schynschlucht.

Eine Ge 4/4 I der Rhätischen Bahn »kämpft« sich mit einem Pendelzug durch die tief verschneite Winterlandschaft zwischen Sils und Solis.

gepflegten Blumenschmuck auffällt, folgt der 164 m lange und knapp 90 m hohe Soliser Viadukt, der die höchste Brücke der Rhätischen Bahn ist. Zusammen mit der schmalen historischen und einer modernen Straßenbrücke über die Albula stellt der gemauerte Viadukt ein hervorragendes Fotomotiv dar. Mit dem Viadukt wechselt die Strecke von der westlichen auf die östliche Talseite, und die folgende Schynschlucht ist derart eng, dass die Bahn zahlreiche Tunnel braucht, um die Felsvorsprünge zu durchfahren. Den Reisenden bietet sich immer wieder ein fantastischer Blick in die canyonartige Schlucht mit dem aufgestauten Wasser der Albula.

Der Bahnhof Tiefencastel (884 m) wurde von 1988 bis 1992 grundlegend modernisiert, was fast einem Neubau der Gleisan-

lagen gleichkam. Die Kreuzungslänge beträgt jetzt 340 m, und ein 300 m langer breiter Mittelperron steht gleichfalls zur Verfügung. Schlanke Weichen ermöglichen höhere Geschwindigkeiten und moderne Sicherungsanlagen automatische Kreuzungen. Mehrere Postauto-Linien erschließen die Region, denn Tiefencastel ist ein Knotenpunkt für den Straßenverkehr. Hier gabeln sich die (im Winter geschlossene) Albula-Passstraße und der ganzjährig befahrbare Julier-Pass, der seinen Namen nach dem römischen Feldherrn Gaius Julius Caesar erhielt und noch immer die wichtigste Straßenverbindung ins Engadin darstellt.

Tiefencastel, das seit alters her den Verkehrsknotenpunkt beherrscht, wurde 1890 durch einen Großbrand zerstört und besitzt nur wenige historische Gebäude. Überragendes Bauwerk ist die von 1650 bis 1652 erbaute barocke Stefanskirche, die die italienische Herkunft ihrer Baumeister verrät. Von der Straße nach Lenzerheide aus hat man immer wieder einen schönen Blick auf die Berge des Oberhalbstein, und die Region zwischen Stätzer Horn und Piz Scalottas (2323 m) bietet ein weiträumiges Skigebiet an, das durch zahlreiche Liftanlagen erschlossen ist und dessen touristische Infrastruktur sich vor allem im Luftkurort Lenzerheide befindet. Der malerische Heidsee zwischen Lenzerheide und Valbella, das mit einer 3399 m langen Seilschwebebahn erschlossene Parpaner Rothorn (2863 m) und Parpan mit der spätgotischen Kirche, deren Turm ein wenig abseits steht, sind interessante Ausflugsziele.

Über Nacht war Schnee gefallen, und noch immer sinken dicke Flocken in den dunklen Bündner Wald. Der Zug gleitet beinahe lautlos durch die verzauberte Schneelandschaft. Drinnen sitzen Fahrgäste in der wonnigen Wärme – für sie hat der Winter jede Härte verloren.

Einfahrt der früher grünen Ge 6/6 II Nr. 707 in den Bahnhof Tiefencastel.

15. Etappe: Tiefencastel -Filisur

Nach Tiefencastel steigt die Strecke weiter an, und die nächste kleine Station, Surava (939 m ü.M.), ist seit einiger Zeit für den Personenverkehr geschlossen und wird durch Postbusse bedient, die im Auftrage der RhB von Alvaneu aus verkehren.

Ansteigender Viadukt in einer Kurve

Allerdings weist Surava ein hohes Güteraufkommen auf, weil das dort ansässige Baustoffwerk seine Güter von der RhB transportieren lässt. Deshalb sind im Bahnhof auch ein Rangiertraktor und häufig Güterwagen zu finden. Die Schwefelquellen von Alvaneu waren einst berühmt, und bereits die Römer nutzten die heilende Wirkung dieses Wassers. Der zweigleisige Bahnhof gehört zu den kleineren Stationen der Albula-Linie.

Es folgen zwei markante Bauwerke, die nicht nur Eisenbahn-Freunde faszinieren: Etwas versteckt liegt der Schmittentobel-Viadukt, der aber immerhin eine Länge von 137 m und eine Höhe von 35 m aufweist. Weithin sichtbar hingegen ist der Landwasser-Viadukt, das Meisterstück des RhB-Oberingenieurs Bernasconi. Der 130 m lange und 65 m hohe, gemauerte Viadukt mit fünf Öffnungen liegt nämlich in einem 2 %-Gefälle und einem Bogen mit einem Radius von 100 m. Außerdem mündet er direkt in den 216 m langen Landwasser-Tunnel. Beeindruckend ist auch, dass die Tunnelöffnung in einer senkrecht abfallenden Felswand liegt. Das Mauerwerk des

Lok Ge 4/4 III Nr. 642 zieht die »Glacier«-Panoramawagen und den »Jumbo« über das markanteste Bauwerk der Strecke: den 65 m hohen Landwasser-Viadukt.

Landwasser-Viadukts, des größten Übergangs der RhB, umfasst 9200 Kubikmeter. Trotzdem wurde das Bauwerk so gut in die wilde Landschaft eingebettet, dass man den Eindruck gewinnt, es habe dort schon immer gestanden. Die drei höchsten Pfeiler wurden übrigens ohne äußere Gerüste aufgemauert, doch mauerte man eiserne Türme ein, die jeweils ein Stück aus dem Mauerwerk herausragten und in die zwei Kranbrücken eingehängt waren, mit deren Hilfe das benötigte Baumaterial hochgezogen wurde.

Rund einen Kilometer nach diesem sensationellen Bauwerk fährt der Zug in Filisur (1080 m) ein. Der Bahnhof hat im augenblicklichen Fahrplankonzept seine Bedeutung als Kreuzungspunkt für die Taktschnellzüge und als Umsteigestation in die Regionalzüge nach Davos Platz. Da die Ausweichlänge nur 256 m beträgt und die Gruppenausfahrsignale auch nicht mehr dem modernsten Stand entsprechen, ist mittelfristig ein Um- und Ausbau geplant. Dabei soll auch eine Doppelspurinsel bis zum unteren Portal des Greifenstein-Kehrtunnels entstehen. Von Filisur aus wird die Strecke Sils-Preda überwacht und ferngesteuert, doch soll diese Anlage nach Thusis verlagert werden. Neben der Ausfahrt nach Wiesen-Davos befindet sich im Bahnhofsbereich eine eingleisige Lokremise mit einer 15 m-Drehscheibe.

Anschluss aus Davos

Filisur, wo zur Zeit des Bahnbaus rund 300 italienische Arbeiter wohnten, ist ein typisches Straßendorf an der Albula-Passstraße, das sich aber im Laufe der Zeit zum Bahnhof hin orientiert hat. Sehenswert sind einige ältere Häuser im Engadiner Stil, das Bergbaumuseum und die Pfarrkirche. Auf der Albula sind Wildwasserfahrten in Richtung Tiefencastel möglich, und man kann der Sportfischerei nachgehen. Auch Bergsteiger und –wanderer kommen in dieser Region auf ihre Kosten.

Die bereits erwähnte 20 km lange Verbindungsstrecke Filisur-Davos Platz ging am 1. Juli 1909 in Betrieb und besitzt die Zwischenstationen Wiesen, Monstein, Glaris, Frauenkirch sowie den Anschluss »Kieswerk Davos«. Sie umfasst 14 Tunnel mit einer Gesamtlänge von 4200 m und 28 Viadukte, die zusammen 750 m lang sind. Das bedeutendste Bauwerk ist der 1908 fertiggestellte Wiesener Viadukt mit einer Länge von 210 m und einer Höhe von 88 m. Der Hauptbogen hat eine Weite von 55 m, die sechs kleineren Bögen messen jeweils 20 m. Für das Lehrgerüst des Hauptbogens brauchte man 494 Kubikmeter Kantholz, 24 Kubikmeter Schalholz und rund 15 Tonnen Profil-, Rund- und Bandeisen zur Befestigung.

Staunen und nochmals Staunen – die Reise geht wieder über abgrundtiefe Schluchten. Viadukte werden überquert – Brücken, die verbinden. Sie haben die Welt in die früher versteckten Täler gebracht, sie haben die Menschen hinaus in die Welt geschickt. Ohne Brücken wären die Berge noch jungfräulich, und ihre Schönheit bliebe verborgen.

Die RhB besitzt noch zwei fünfachsige Dampfloks. Die G 4/5 Nr. 108 wurde westlich von Surava fotografiert.

707

Licht und Schatten sind im Herbst gestaltende Elemente. Sie lassen den Landwasser-Viadukt (oben) in einem ungewöhnlichen Licht erscheinen. Auf dem großen Bild ist es noch Sommer, die Ge 6/6 II Nr. 707 (inzwischen rot) zieht den »Bernina-Express« von Alvaneu in Richtung Surava.

Der Jubel war groß, als am 29. Mai 1902 der Durchschlag des 5854 m langen Albulatunnels gefeiert werden konnte.

Vom Bau der Albula-bahn

Die 63 km lange Albula-Bahn Thusis–Filisur–Bergün–St. Moritz zählte neben der Strecke Reichenau–Disentis zu den »Prioritätslinien« der RhB, die nach der »Stammstrecke« Landquart–Davos und deren Verlängerung über Chur nach Thusis in Angriff genommen wurden.

Beachtliche Steigung ohne Zahnstange

Die Bauarbeiten begannen im Oktober 1898, die Eröffnung erfolgte am 10. Juli 1904 und die Elektrifizierung am 15. Oktober 1919. Von Thusis bis zum Scheitelpunkt des Albula-Tunnels überwindet die Strecke den beachtlichen Höhenunterschied von 1123 m, danach fällt sie bis Samedan um 115 m und steigt nach St. Moritz nochmals 69 m an. Um diese Höhendifferenzen ohne Zahnstange überwinden zu können, mussten zahlreiche Streckenverlängerungen und Kunstbauten angelegt werden, die die Linienführung einer Achterbahn gleichen lassen. Die Baukosten – ohne Rollmaterial – beliefen sich auf durchschnittlich 390 Franken pro laufender Meter Schienenstrang. Die Strecke bis Celerina konnte bereits am 1. Juli 1903 eröffnet werden, doch verzögerte sich das Schlussstück, weil sich Bahn und Gemeinde nicht auf den Standort des Bahnhofs in St. Moritz einigen konnten, so dass der Bundesrat entscheiden musste.

Hauptinitiator und Förderer des Bahnbaus in Graubünden war der Niederländer Willem Jan Holsboer (1834–1898), der eine »Bilderbuch-Karriere« durchlief: Er brachte es vom Schiffsjungen zum Kapitän, später vom Kaufmann zum Direktor einer Londoner Bank. 1867 kam er mit seiner kranken Frau nach Davos, wo er das erste Kurhaus gründete und leitete. Um den Ort an die »große, weite Welt« anzuschließen, initiierte er den Bau der Linie Landquart–Davos und setzte sich für eine Weiterführung ins Engadin ein. Leider erlebte er die Fertigstellung der Albula-Bahn nicht mehr, da er am 8. Juni 1898 einem Schlaganfall erlag.

Interessanterweise ließ die RhB auf der Albula-Strecke kaum Eisenbrücken bauen, weil sie dem Grundsatz folgte, Naturstein-Viadukte zu erstellen, da diese hinsichtlich Verschleiß, Witterungsbeständigkeit und Dauerhaftigkeit besser als die Eisenbrücken abschnitten. Außerdem konnte das Baumaterial in der Nähe in Steinbrüchen gewonnen werden, was Transportkosten sparte.

Die Schwierigkeiten, die beim Bau der Strecke zu überwinden waren, darf man nicht unterschätzen, und sie stürzten manches Bauunternehmen in den Ruin. Ein Beispiel ist der 660 m lange Rugnux-Kehrtunnel, bei dem große Mengen von sehr kaltem Bergwasser die Vortriebsarbeiten stark behinderten, denn das Wasser hatte sommers wie winters eine Temperatur von nur 4 °, so dass die Mineure ihre Arbeiten nur mit Mühe ausführen konnten.

Durch Tunnel in den finanziellen Ruin

Das mit den Bauarbeiten beschäftigte Unternehmen geriet in finanzielle Schwierigkeiten und musste den Vortrieb einstellen. Den Tunneldurchschlag übernahm dann die Regiebauleitung des Albula-Tunnels, der gleichfalls erhebliche Probleme machte. Die Arbeiten am 6 km langen Albula-Durchstich dauerten vier Jahre, wobei auf den Baustellen bei Preda und Spinas je 500–600 Arbeiter beschäftigt waren und die Baukosten laut Schlussabrechnung 7,2 Mio. Franken betrugen. Zunächst wurde ein Richt- oder Sohlstollen zur Absteckung der Tunnelrichtung und Entwässerung des Gebirges vorgetrieben, danach erfolgte die Ausweitung des Firststollens oder der Kalotte, wobei der Holzeinbau ständig angepasst werden musste, und schließlich erfuhr der Sohlstollen eine Ausweitung auf das volle Profil von 19,9 m², was mit dem Ausmauern der Widerlager und der Schalung des Gewölbes verbunden war. Schwierigkeiten mit zu hartem oder bröckeligem Gestein, Tunneleinstürze und Wassereinbrüche behinderten die Arbeiten massiv und zwangen das italienische Bauunternehmen zur Aufgabe. Die RhB konnte die Arbeiten in eigener Regie erfolgreich beenden, doch forderten die Bauarbeiten insgesamt 16 Menschenleben.

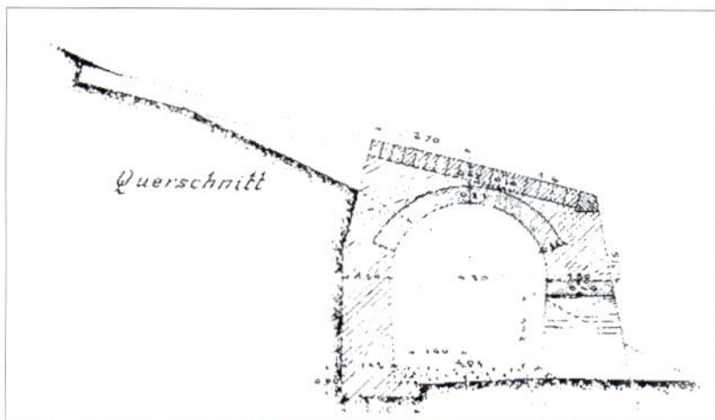

An den steilen Berghängen mussten überall Stützmauern und Lawinengalerien angelegt werden.

Info

Beim Bau der Albula-Linie waren bis zu 5300 Arbeiter unter der Leitung des bekannten Ingenieurs Fritz Hennings beschäftigt, denn es mussten in elf Bausektionen 55 größere Viadukte mit einer Gesamtlänge von 2700 m und 39 Tunnel, außerdem Mauern, Galerien und Rampen angelegt werden. Die 60 km lange Strecke mit einer Bauzeit von fünf Jahren überwindet eine Höhendifferenz von mehr als 1100 m.

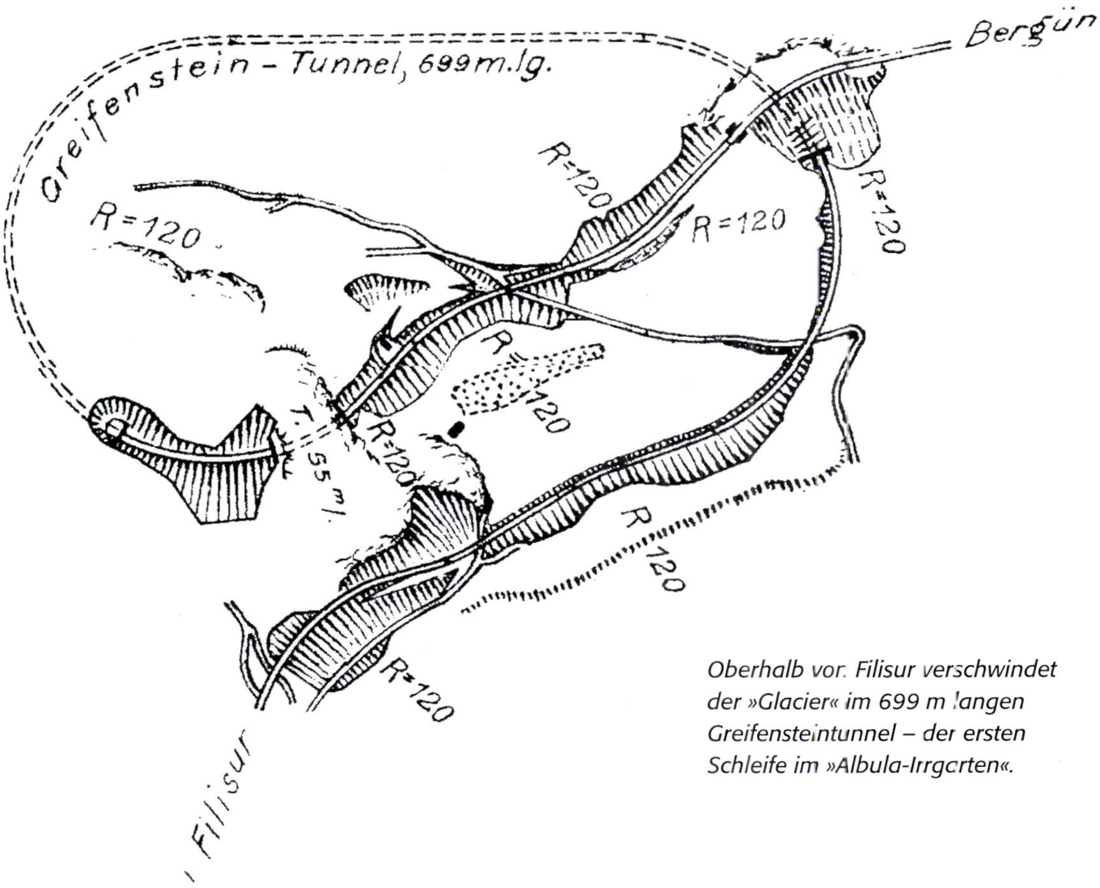

Oberhalb von Filisur verschwindet der »Glacier« im 699 m langen Greifensteintunnel – der ersten Schleife im »Albula-Irrgarten«.

Heute kann man nur noch erahnen, welches technische Meisterwerk mit dem Bau der Albulabahn vor hundert Jahren erbracht wurde. Das Oberbaumaterial musste teilweise mit Fuhrwerken zu den Baustellen befördert werden. Als besondere »Knacknüsse« erwiesen sich die noch heute kühn wirkenden Viadukte über die Schynschlucht (großes Bild) und die Landwasser (links oben). Groß war die Freude, als am 1. Juli 1903 der Eröffnungszug in Samedan eintraf.

16. Etappe: Filisur–Preda

Viermal überquert der Zug zwischen Bergün und Preda die Albula. In diesem »Irrgarten« erscheint die Landschaft immer wieder in einer neuen Perspektive.

Bald nach der Ausfahrt aus dem Bahnhof Filisur fährt der Zug an den Resten der Burg Greifenstein vorbei, die im 12. Jahrhundert gebaut, aber seit dem 16. Jahrhundert nicht mehr benutzt wurde.

Im Irrgarten der Kehrtunnels

An die große Schleife schließt sich der rund 700 m lange Greifenstein-Kehrtunnel an, bei dessen Bau ein Oberingenieur und fünf Arbeiter das Leben verloren, als das Tunnelgerüst einstürzte. Der Kehrtunnel dient der Streckenverlängerung um etwa 1200 m, denn zwischen Filisur und Bergün muss ein Höhenunterschied von 350 m überwunden werden. Vom Zug aus, der an der östlichen Talseite entlangfährt, haben die Reisenden eine hervorragende Sicht auf das Albula-Tal mit dem wilden Gebirgsbach und die Berge in der Umgebung. Acht größere Brücken und 13 Tunnels befinden sich auf diesem 13 km langen Streckenabschnitt.

Da das Dörfchen Stuls/Stugl (1277 m ü.M.) weit oberhalb des Bahnhofs liegt, hatte die zweigleisige Station von Anfang an mehr die Funktion einer Ausweichstelle, in der auch jahrelang die Plankreuzungen stattfanden, bevor sie nach Filisur verlegt wurden. In dem kleinen Bahnhof Bergün (romanisch: Bravougn), der seit den Filmarbeiten zu einer Schweizer Fernsehserie auch den Filmnamen »Madruns« trägt, herrscht vor allem im Winter Hochbetrieb, wenn zu den Schnell-, Güter- und Autozügen noch die im Stundentakt verkehrenden Rodelzüge nach Preda kommen.

Dann wird auf den drei Bahnhofsgleisen jeder Meter gebraucht, und man nimmt die Station aus der Fernsteuerung, um die Züge vom örtlichen Stellpult aus besser abfertigen zu können. Die drei Abstellgleise weisen zwei Besonderheiten auf: Mit dem einen Gleis wurde 1996 der aus der Eröffnungszeit stammende Lokschuppen wieder angeschlossen, in dem ein Stationstraktor seine Heimat fand, ein anderes Abstellgleis erschließt über eine Spitzkehre das Zeughaus der Armee. Zu Zeiten des Dampfbetriebes waren in Bergün Vorspann-Loks für die Strecke Filisur–Preda stationiert.

Rodelbahn, Straße oder Zug?

Während die direkte Strecke von Bergün nach Preda 6 km beträgt, windet sich die Bahnlinie an den Hängen entlang und gewinnt durch Kehrtunnels an Höhe, denn die Gleislänge muss 12 km betragen, um den Höhenunterschied von 416 m bewältigen zu können. Das Befahren dieses Abschnitts ist schon im »normalen« Zug grandios, im sommerlichen »Railrider« mit offenen Aussichtswagen wird sie zum abenteuerlichen Erlebnis, und bei einer Wanderung auf dem Bahnlehrpfad, der mit informativen Tafeln ausgestattet ist, kann man sich das Ganze noch einmal aus der Entfernung ansehen, so dass die RhB zur »Spielzeugbahn« wird.

Auf dem 100 m langen und 40 m hohen Tischbach-Viadukt, der sich unterhalb der Chaneletta-Galerie befindet, stießen in der Silvesternacht 1927 zwei Züge mit den drei »Krokodil«-Lokomotiven Ge 6/6 I Nrn. 405, 406 und 407 zusammen, weil der talwärts fahrende, verspätete Schnellzug nicht in der Kreuzungsstation Mout den Gegenzug abgewartet hatte. Obwohl auch vier Wagen erheblich beschädigt wurden, gab es nur drei Verletzte.

Um den Lawinenzug »Blais dla Chaneletta« zu zähmen, ließ die RhB in den Jahren 1901 bis 1907 500 Schutzmauern mit einer Gesamtlänge von 11 km bis zu einer Höhe von 2300 m bauen. Außerdem wurde eine 117 m lange Schutzgalerie erstellt.

Mout (1575 m) war von Anfang an eine unbesetzte Ausweichstelle, die bereits 1906 Tageslichtsignale mit Vollglaslinsen erhielt, während auf den anderen Stationen noch die Hippsche Wendescheibe als Abschlusssignal diente. Um keine Probleme bei den Kreuzungen zu haben, wurde die Kreuzungslänge der Gleise 1990/91 auf 308 m erweitert.

Nach Mout folgen drei weitere Kehrtunnel und mehrere Viadukte. In Preda am Nordportal des Albulatunnels (1789 m) sind gemäß dem aktuellen Fahrplankonzept Kreuzungen der Taktschnellzüge vorgesehen. Um die Leistungsfähigkeit der Station zu erhöhen, wurde die Bahnhofseinfahrt ab Naz 1996/97 auf eine 550 m lange Doppelspur ausgebaut, und die beiden Kreuzungsgleise vor dem Empfangsgebäude haben eine Kreuzungslänge von 350 m. So werden auch Kreuzungen von jeweils zwei Doppelführungen möglich. Die Drehscheibe im bisherigen Ladegleis, die früher dem Wenden der Vorspann-Dampflokomotiven diente, wurde ausgebaut und an die Dampfbahn Furka-Bergstrecke abgegeben. Auch das dritte Bahnhofsgleis musste den Ausbauarbeiten weichen. Im Winter ist Preda Endpunkt der Rodelzüge, und wenn es die Schneeverhältnisse und der Zustand der als Rodelbahn präparierten Passstraße zulassen, kann man sich im Bahnhof einen Holzschlitten mieten und in flotter Fahrt nach Bergün hinunterfahren.

Über die Albula-Passstraße erreicht man zu Fuß oder mit dem Auto den abseits liegenden, malerischen »Lai da Palpuogna« (1918 m) und die in einer eher unwirtlichen Landschaft liegende Passhöhe.

Mit Bahn und Schlitten den Winter entdecken: Auf zwei Kufen gehts in rasanter Fahrt durch das eisige Bergtal, das im Januar kaum einen Sonnenstrahl erhascht. Die Straße gehört dem Freizeitplausch, Autos werden als Nebensache behandelt und dürfen nur nachts fahren. Und im Sommer (Bild ganz oben) verwandelt sich die Landschaft in ein grünes Wald- und Wiesen-Spektakel, der rote Zug leuchtet als Farbkontrast.

13 Wagen zieht die alte Ge 6/6 II (großes Bild) die steile Rampe zwischen Bergün und Preda hinauf – eine beachtliche Leistung. Und immer wieder fährt dabei der Zug in einen Tunnel, fast verliert man dabei die Orientierung. Wer nach diesem »Rummel« etwas Frieden sucht, steigt in Preda aus und wandert zum bezaubernden Lai da Palpuogna am Albulapass hinauf.

17. Etappe: Preda–St. Moritz

In sechs Minuten durchfahren die Schnellzüge den Albula-Tunnel, den höchstgelegenen Alpendurchstich Europas, der durchwegs eingleisig ist und unter schwierigsten Bedingungen erstellt wurde. Spinas, eine kleine zweigleisige Station (1815 m ü.M.), liegt im Val Bever, einem Seitental des Engadin.

Auf einem Lawinendamm durchs wildromantische Val Bever

Bei Bedarf halten in Spinas in den Morgen- und Abendstunden fünf Schnellzugpaare, darunter in jeder Richtung ein Glacier-Express. Nur im Sommer, und auch nur bei schönem Wetter gibt es am Nachmittag zwei Ausflugszüge Samedan–Spinas.

Das weitgehend naturbelassene, wilde Hochtal des Beverin, das sich sehr gut zum Wandern oder einer gemütlichen Kutschenfahrt eignet, ist von beiden Hangseiten stark lawinengefährdet, und so wurde die Strecke auf einem Damm angelegt, der aus dem Ausbruchmaterial des Albula-Tunnels besteht. Mit einem relativ engen Bogen biegt die Strecke in Bever (1710 m) ins Engadin ein und stößt auf die Linie aus Scuol-Tarasp. Der recht umfangreiche Bahnhof, bei dem sich auch die Anlagen der Kraftwerke Brusio befinden, wird nur noch von den Regionalzügen bedient.

Bever war einst die wohlhabendste Gemeinde im Engadin, wovon noch immer die großen, reich verzierten Wohnhäuser der Handelsfamilien zeugen, die früher hier ansässig waren und ihren Wohlstand im Ausland erworben hatten.

Die Nordhänge von Celerina liegen bereits im Schatten, wenn der sonntägliche Erstklass-»Glacier«, der FO- und BVZ-Panoramawagen führt, im Engadin eintrifft.

Nach fünf Kilometern folgt der große Bahnhof Samedan (1705 m), in dem die Strecke nach Pontresina abzweigt. Die Gleise 2–5 dienen den Reisezügen, wobei die Anschlüsse auf die Albula-Schnellzüge abgestimmt sind, und auf Gleis 1 verkehren die Autozüge von / nach Thusis im Winter sowie alle Extrazüge. Die Gleise 3 und 4 sind durch eine mittig angeordnete doppelte Gleisverbindung unterteilt, was das Umsteigen und das Umstellen von direkten Wagen erheblich erleichtert. In der Regel verkehren die Albula-Schnellzüge ab Gleis 2, die Züge nach Pontresina ab Gleis 3a und die nach Scuol ab 3b. In dem großen Depot sind nicht nur die für die Albula- und Engadiner Linie benötigten Streckenlokomotiven beheimatet, sondern auch Oldtimer, z.B. zwei Krokodile und bis 1998 die Ge 2/4 Nr. 221, die sich im Rangierdienst nützlich machte. Ein großer Abstellbereich steht vor allem für Güterwagen zur Verfügung, zumal seit 1988 von Samedan aus das Gewerbegebiet Cho d'Punt bedient wird. Letztmals wurden verschiedene Anlagenteile 1993/94 modernisiert, und seit der Eröffnung des Vereina-Tunnels im November 1999 haben sich Veränderungen bei den Zugläufen ergeben: Die (verpendelten) Engadiner Regionalzüge verkehren neu nach Pontresina (statt St. Moritz) und ersetzen die Pendelzüge Samedan–Pontresina, außerdem gibt es tagsüber Regionalzüge von St. Moritz nach Zuoz bzw. S-chanf.

Samedan, der Engadiner Bezirkshauptort, ist nicht nur für die Bahn ein Knotenpunkt, sondern auch für die Straßenverbindungen, und die Gemeinde besitzt in der Talebene des jungen Inn den höchstgelegenen Flugplatz Europas. Da der Ort auch gute Möglichkeiten für Sommer- wie Winterferien erschließt, ist die entsprechende Infrastruktur vorhanden. Besonders empfehlenswert erscheint ein Ausflug auf Muottas Muragl (2448 m), zumal sich die Talstation der 2200 m langen Standseilbahn in unmittelbarer Nähe des Haltepunktes Punt Muragl an der Linie Samedan-Pontresina befindet. Die MMB verfügt übrigens über die längste Bahnbrücke der Schweiz (1470 m mit 245 Öffnungen).

Die letzte Etappe auf der Fahrt mit dem Glacier-Express verläuft kurz am jungen Inn, der bei den Fischern sehr beliebt ist, berührt den dreigleisigen Bahnhof Celerina (1730 m), der seit dem Umbau über die mit 370 m längsten Kreuzungsgleise des Stammnetzes verfügt und in dem sämtliche Schnellzüge kurz halten, kreuzt die Naturbobbahn, die schon zweimal Olympische Spiele erlebt hat, durchquert die enge Innschlucht in zwei Tunneln und gelangt schließlich in den umfangreichen Bahnhof von St. Moritz-Dorf (1775 m), der gemäß Bundesratbeschluss am See bzw. in der Nähe des Innfalls liegt. Die Gemeinde hätte den Bahnhof lieber in St. Moritz-Dorf am anderen See-Ende gehabt.

Tief einatmen. Die Luft ist klar, rein und kühler als in Chur. Wir haben das Engadin erreicht, es riecht nach Ferien. Der Alltagsstress liegt hinter uns, und der Zug rollt zügig durch das lange Val Bever. An den Talflanken stehen lichte Lärchenwälder. Hier ist alles anders, offen und luftig. Denn wir sind im Engadin.

Ins Val Bever gelangt man nicht nur zu Fuß und mit der Bahn, sondern auch mit dem Pferdegespann.

647
Ferrovia retica

Die Tage werden kürzer, das Grün macht zarteren Gelbtönen Platz. Die Schatten werden länger, nur der rote Zug unterbricht die Beschaulichkeit des Herbstmomentes. Wie traurig, die Reisenden fahren aus dieser Traumwelt zurück in die Stadt. Doch es dauert nicht mehr lange, bis der Winter ins Land zieht. Dann gehört das Engadin jenen, die sich gerne sehen lassen und gerne gesehen werden, zum Beispiel beim Pferderennen auf dem zugefrorenen See von St. Moritz.

Die Oberengadiner Seen

Es hat bereits tief hinunter geschneit, und die Blätter sind gefallen. Noch einmal spiegeln sich die Berge im See, bevor eine Eisschicht ihn zudeckt.

Dass der Bahnhof in St. Moritz nicht als End-, sondern als Durchgangsbahnhof für die (nicht gebaute) Strecke nach Maloja–Chiavenna geplant war, sieht man deutlich am Gleis, das den Bahnhof in Richtung St. Moritz-Bad verlässt, die Via Serlas auf einer Brücke überquert und dann am Hang mit einem Prellbock endet.

Mondäner Ferienort mit Traumkulisse

Heute besteht der Bahnhof aus zwei Teilen: Die Gleise 1–4, die mit Wechselstrom elektrifiziert sind, stehen den Albula- bzw. Engadiner Zügen zur Verfügung, die mit Gleichstrom ausgerüsteten Gleise 5–6 sind den Zügen der Bernina-Bahn vorbehalten. Zwischen den Teilen besteht eine fahrdrahtlose Weichenverbindung, die zur Übergabe eines Bernina-Express genutzt wird. Die Bernina-Bahn hat zwei Abstellbereiche, einen neben den Bahnhofsgleisen und einen kleineren in Richtung St. Moritz-Bad. Dort befindet sich ein großer Abstellbereich für die Stammnetz-Fahrzeuge, während sich die Freiverladung der Ortsgüteranlage beim Bahnhofskopf Seite Celerina befindet.

St. Moritz (romanisch: San Murezzan), einer der bekanntesten Kurorte und Wintersportplätze des Alpenraums, verdankt seinen außerordentlichen Ruf nicht nur dem milden, nebelfreien Klima, sondern auch der fantastischen Lage am Beginn der Oberengadiner Seenplatte. Schließlich kommen ausgezeichnete Freizeit-, Sport- und Erholungsmöglichkeiten im Winter wie Sommer hinzu. Der Ortsteil St. Moritz-Dorf wird von den mächtigen Hotelbauten beherrscht und dem Wahrzeichen des Dorfes, dem »Schiefen Turm«, dem Rest der im 19. Jahrhundert abgebrochenen Mauritiuskirche. Empfehlenswert ist ein Besuch des Segantini- und des Engadiner Heimat-Museums. St. Moritz-Bad liegt am südlichen Ende des St. Moritzer Sees, auf dessen zugefrorener Oberfläche im Winter Pferderennen stattfinden, und umfasst die eigentliche Kurzone

Info

Als ältester Winterferienort der Welt bietet St. Moritz Urlaubsvergnügen der Extraklasse, die nicht unbedingt in einem der mondänen Luxushotels stattfinden müssen. Im Skigebiet St. Moritz–Corviglia–Corvatsch–Diavolezza gibt es 350 km schneesichere Abfahrten, die durch leistungsfähige Bahnen erschlossen werden und die nötige Infrastruktur besitzen. Aber auch der Sommertourist kommt mit herrlichen Wanderungen und Bergtouren auf seine Kosten.

beim Heilbad-Zentrum, das sich um die kohlensauren Eisenquellen gruppiert. Der dritte Ortsteil, Champfèr, befindet sich an der Straße nach Maloja.

Zweimal wurden in St. Moritz die Olympischen Winterspiele ausgetragen, außerdem Bob- und Ski-Weltmeisterschaften; die nächsten folgen 2001 bzw. 2003. Die Natureis-Bobbahn, der sogenannte Cresta-Run, ist einzigartig auf der Welt. Weitere Wintersport-Ereignisse sind Skispringen, Curling, Cricket auf Schnee, Concours Hippique auf Schnee, internationale Pferderennen, Polo auf Schnee, internationale Windhunderennen im Schnee, Wintergolf und natürlich der berühmte Engadiner Skimarathon. Hervorragende Skigebiete werden durch zahlreiche Bahnen erschlossen, z.B. die Linie St. Moritz–Chantarella–Corviglia–Piz Nair. Die Bahn besteht aus drei Sektionen – die beiden unteren sind Standseilbahnen, die letzte eine Luftseilbahn – und überwindet bei einer Fahrzeit von 21 Minuten und einer totalen Streckenlänge von 4555 m einen Höhenunterschied von 1247 m. Eine andere wichtige Bahnverbindung ist die Luftseilbahn St. Moritz-Bad–Signal, an die sich ein Sessellift anschließt.

Wander-Eldorado

Natürlich können im Sommer Wanderungen und Bergtouren in allen möglichen Schwierigkeitsgraden durchgeführt werden. Ein herrlicher Ausflug ist entlang der Seen bis Maloja möglich: Verschiedene Abschnitte kann man – je nach Kondition und Interesse – erwandern, dann den Regionalbus besteigen und sich in den nächsten Ort oder nach St. Moritz bringen lassen. Auf das bereits erwähnte Dorf Champfèr folgt der reizvolle See von Champfèr, anschließend Silvaplana, wo die Julier-Passstraße abzweigt. Eine 1,5 km lange Zufahrt verbindet den Luftkur- und Wintersportort mit der Häusergruppe Surlej, wo die Luftseilbahn zum Corvatsch beginnt, die sich über die Umsteigestation Murtel (2702 m) bis zum Murtelgrat, einem Vorgipfel des Piz Corvatsch (3451 m) erstreckt. Dort hat man nicht nur einen herrlichen Ausblick, sondern es gibt auch ein kleines Sommerskigebiet. Auf den Silvaplaner See folgt der 5 km lange Silser See mit dem gleichnamigen Dorf. Im Ortsteil Sils-Maria verbrachte Friedrich Nietzsche von 1881 bis 1888 die Sommermonate. Am oberen Ende des Silser Sees liegt Maloja, wo der Engadiner Künstler Giovanni Segantini (1858-99) begraben wurde. Von Maloja aus senkt sich die Passstraße in 13 engen Serpentinen in Richtung Casaccia bzw. Landesgrenze, und es sind wieder wunderschöne Wanderungen möglich, zumal das Gebiet von Regionalbuslinien im Taktfahrplan erschlossen wird. Maloja ist der Ausgangspunkt des Skimarathons, der über die zugefrorenen Seen bis S-chanf führt. Am Südufer des Silser Sees liegt der malerische Weiler Isola (1812 m), bei dem sich ein interessantes Schwemmland-Delta befindet. Hinter dem Dörfchen liegt das Val Fedoz und ein sehenswerter Wasserfall. Im Sommer verkehrt auf dem See die höchstgelegene Schifffahrtslinie Europas.

Die Luft ist klar, rein und kalt. Kleine weiße Wölkchen bilden sich beim Sprechen, Atmen und Lachen vor dem Mund. Millionen Schneekristalle reflektieren die Sonne. Unten im Tal stehen die Häuser wie Spielzeug, das in der Nacht sogar beleuchtet ist. Mit der schönen blauen Bahn ist man im Nu in luftiger Höhe und genießt das atemberaubende Panorama von der Corviglia oder Muottas Muragl.

Still liegt der See in der morgendlichen Sonne. Nur ganz leise kräuseln sich die Wellen am grasbewachsenen Ufer des Lej da Segl (unten). Hier stehen wir an einem Ort, wo selbst Friedrich Nietzsche über so viel Schönheit und Erhabenheit gestaunt hat. Und Giovanni Segantini, der große Maler, stieg noch auf Muottas Muragl (großes Bild), als es weder Bahn, Hotel noch Wanderwege gab. Links oben: Hartnäckig hält sich der Schnee vom letzten Winter am Lej Suvretta.

Der Bernina-Express

Eine Ge 4/4 II zieht den »Bernina-Express« über die Flaz-Brücke bei Punt Muragl. In Pontresina wird die Lok gewechselt, um weiter über den Berninapass zu fahren.

Im Sommer beginnen morgens in St. Moritz zwei Bernina-Express-Züge: Zug E und der »Heidi- / Bernina-Express« B und G, der nur aus den Triebfahrzeugen und einer ganz kleinen Kurswagen-Gruppe besteht, denn die übrigen Wagen aus Landquart-Filisur bzw. Chur kommen in Pontresina hinzu.

Viel Betrieb im Bahnhof Pontresina

Gleich nach der Ausfahrt überquert die Bernina-Bahn (BB) die Straße und den Inn und verschwindet in einem Tunnel. Da Celerina Staz und Punt Muragl Staz zurückgebaut wurden, sind bis Pontresina keine Zugkreuzungen möglich, was zu Engpässen führt, so dass Drei- und Vierfachtraktionen vorkommen, um unnötige Leerfahrten von Triebfahrzeugen zu vermeiden.

Pontresina (1774 m ü.M.) ist der Betriebsmittelpunkt der BB nördlich des Passes mit einer großen Depot-Werkstätte, in der neben den Triebwagen auch Schneeschleudern, als Reserve sogar die letzte Dampfschneeschleuder untergebracht sind. Die früher vorhandene Drehscheibe wurde an die Dampfbahn Furka-Bergstrecke abgegeben. Eine Besonderheit des Bahnhofs, in dem sich das mit Wechselstrom elektrifizierte Stammnetz und die mit Gleichstrom betriebene BB treffen, ist das Bahnhofsgleis 3, das wahlweise unter Gleich- oder Wechselstrom gesetzt werden kann. Sondersignale mit einer roten »11« oder einem weißen »=« zeigen die Stromart an. So lassen sich die direkten Express-Züge A und D, Chur-Tirano, schnell übergeben.

Abstieg ins Puschlav

Ospizio Bernina (2253 m) ist der Scheitelpunkt der Strecke und die höchstgelegene RhB-Station. In dem dreigleisigen Bahnhof, der ebenfalls über ein lawinensicheres Depot mit Drehscheibe verfügt, rangiert der aus der Gründungszeit stammende Gepäcktriebwagen De 2/2 Nr. 151. Bis Alp Grüm (2091 m), einem beliebten Ausflugsziel, waren für den wintersicheren Betrieb etliche Kunstbauten nötig. Der folgende Abstieg ins Puschlav ist landschaftlich wie betriebstechnisch grandios mit mehreren engen Serpentinen und einem Gefälle bis 7 %. Stablini (1936 m) soll wieder zum Kreuzungspunkt ausgebaut werden, um den Fahrplan zu stabilisieren, zwischen den Ausweichstationen Cavaglia (1692 m) und Cadera (1383 m) befinden sich nochmals Serpentinen. Poschiavo (1014 m), der Hauptort des Puschlav und Betriebsmittelpunkt südlich des Passes, ist ein größerer Bahnhof mit Depot-Werkstätte. Der sehenswerte Ort und der schöne See laden zum Verweilen und Wandern ein. In San Antonio und Le Prese wird die BB zur unfallträchtigen Straßenbahn, in Miralago (965 m) am südlichen Ende des Lago di Poschiavo beginnt ein weiterer Abstieg mit einem 7 %-Gefälle, in dem nach Brusio (780 m) der berühmte Kreisviadukt liegt. Campocologno (553 m), dessen Güter- und Umladeanlagen 1998 erweitert wurden, ist der letzte Bahnhof vor der Landesgrenze, wo die Strecke früher mit einem Tor verschlossen wurde. In Tirano (429 m) fährt die BB als Straßenbahn an der berühmten Wallfahrtskirche Madonna di Tirano vorbei und in den Kopfbahnhof ein, der sich neben den Anlagen der FS befindet und äußerst beengt wirkt. Dies hat bisweilen sogar die Teilung der Bernina-Express-Züge zur Folge, um überhaupt rangieren zu können.

Obwohl die Strecke des Bernina-Express kürzer ist als die des Glacier-Express, braucht sie hinsichtlich der Faszination den Vergleich nicht zu scheuen.

Eintauchen in die Engadiner Natur – die klare Luft spüren, Aktivitäten selbst bestimmen. Vielleicht dem kleinen Waldweg entlangspazieren, am Bach sitzen, den Zug beobachten. Es gibt so vieles hier, und viele kommen immer wieder hierher.

Beim Bahnhof befindet sich auch die Haltestelle der Pferdekutschen ins Val Rosegg, ein lohnender Ausflug! Nach einem kurzen Anstieg verläuft die Linie im relativ breiten und flachen Berninatal. Auf die dreigleisige Station Morteratsch (1896 m) folgen enge Kurven, und in der Montebello-Kehre hat man einen fantastischen Blick auf die Berninagruppe mit dem Morteratsch-Gletscher. Bernina Suot (2046 m) wurde 1991–93 ausgebaut, dort befindet sich ein lawinensicheres Depot mit überdachter Drehscheibe für eine Schneeschleuder. In Bernina-Diavolezza und -Lagalb gibt es leistungsfähige Luftseilbahnen zu hervorragenden Ski- und Wandergebieten am Fuße des Berninamassivs. Zwischen dem Lej Nair und dem Lago Bianco auf der Passhöhe befindet sich die »Wasserscheide Adriatisches/Schwarzes Meer«, wie ein Schild mitteilt.

Die Winter sind sonnig, bisweilen aber auch recht hart. Dieser ABe 4/4 III hat wohl eisige Schneestürme »erlitten«.

Nein, nein – die Reise ist noch nicht fertig, sie fängt hier erst an. Wer keine Zeit zum Sehen und Entdecken hat, ist leider selber schuld. Mit dem »Bernina-Express« geht die Reise weiter, bis hinauf zum flaschengrünen Lago Bianco und den gleißenden Gletschern. Und dann, ganz plötzlich, mitten durch den wohl verrücktesten Viadukt der Welt, zu den Palmen im Veltlin.

Das Rollmaterial zwischen Zermatt und St. Moritz

Rhätische Bahn (RhB), Furka–Oberalp-Bahn (FO) und Brig–Visp–Zermatt-Bahn (BVZ), die den Glacier-Express gemeinsam betreiben, haben sich immer darum bemüht, für diesen Luxuszug ihr modernstes Rollmaterial zur Verfügung zu stellen. So verkehrte der Zug bei RhB und BVZ von Anfang an mit elektrischer Traktion, und zwar mit den legendären »Krokodil«-Lokomotiven der beiden Bahnen, während bei der FO zunächst Dampflokomotiven zum Einsatz kamen, die in den Vierzigerjahren von den HGe 4/4 I abgelöst wurden. Bis zum Zweiten Weltkrieg war in jede Komposition ein Salonwagen von RhB oder BVZ eingereiht, und nach dem Weltkrieg kamen die RhB-Speisewagen bis zum Kreuzungspunkt des Zugpaares zum Einsatz. Als das Produkt »Glacier-Express« in den Achtzigerjahren durch gezieltes Marketing zu »boomen« begann, erfuhr auch das Rollmaterial eine grundlegende Modernisierung: Panorama-Wagen wurden ausprobiert und aufgrund des positiven Echos zu einem Markenzeichen. Die älteren Loks erhielten moderne, leistungsfähigere »Geschwister«, und jeder Glacier-Express-Zug führt mindestens auf einer Teilstrecke einen Speisewagen mit, so dass im Sommer alle regulären Speisewagen der RhB in den Luxuszügen im Einsatz stehen. Ab Sommer 2000 wurde auch wieder die Tradition der Salonwagen aufgenommen, da der »Alpine Classic Pullman Express« zwei Salonwagen aus den Dreißigerjahren mitführt. Dieser Zug verkehrt nur an ausgewählten Terminen und besitzt auf der ganzen Strecke St. Moritz–Zermatt einen Speisewagen, und zwar einen der »Gourmino«-Oldtimer.

Neben den Wagen, die anschließend beschrieben werden, kommen von allen drei Bahnen die sogenannten »Einheitswagen« zum Einsatz. Dabei handelt es sich sowohl um Fahrzeuge 1. als auch 2. Klasse, die modernisiert und den Bedürfnissen der Kunden angepasst wurden. Aus dem Fuhrpark der FO sind noch die AB 4171–72 erwähnenswert, die die FO Ende der Achtzigerjahre für den Glacier-Express anschaffte, und zwar als Kurswagen Zermatt–Davos (im Sommer). Im Winter verkehrten sie werktags als Kurswagen St. Moritz–Reichenau–Zermatt. Seit dem Erscheinen der zweiten Generation von Panoramawagen sind sie völlig aus dem Glacier-Express verschwunden. Auch die BR 4293–96 sind interessant, die Mitte der Neunzigerjahre aus den A 4063–66 entstanden und mit ihren großen Tischen als sogenannte »Beistell-Speisewagen« für »Essen am Sitzplatz« eingesetzt werden.

HGe 4/4 II BVZ

Als Anschlussbestellung zu den entsprechenden Maschinen der FO und SBB-Brünigbahn beschaffte die BVZ-Zermattbahn 1990 die HGe 4/4 II Nr. 1–5, die – anders als bei der FO – auch im Pendelzug-Betrieb eingesetzt werden können. Die Universallokomotiven erbringen eine Dauerleistung von 1932 kW (2630 PS) und eine Höchstgeschwindigkeit von 90/35 km/h (Adhäsion/Zahnstange). Sie können eine Anhängelast von 130 t bei einer Maximalsteigung von 12,5 % befördern und sind die stärksten BVZ-Loks, die auch bei der FO fahren können.

HGe 4/4 I BVZ

Anlässlich der Elektrifizierung kamen 1929/30 die »Krokodil«-Lokomotiven HGe 4/4 I Nr. 11–15 in Betrieb, von denen heute noch vier Maschinen vorhanden sind. Die Dauerleistung beträgt 680 kW (920 PS), die Höchstgeschwindigkeit 45/25 km/h (Adhäsion/Zahnstange). Bei einer Steigung von 12,5 % können sie 80 t schleppen. Sie waren jahrzehntelang das Zugpferd des Glacier-Express, doch heute findet man sie, wenn man Glück hat, noch als Betriebsreserve in untergeordneten Diensten (Güter- und Dienstzüge).

ABDeh 8/8 BVZ

1964/65 kamen die Doppeltriebwagen ABDeh 8/8 Nr. 2041–43 in Betrieb und verdrängten sehr bald die »Krokodil«-Lokomotiven vom Glacier-Express, weil sie bei einer Leistung von 1178 kW (1600 PS) auch Sitzplätze 1. und 2. Klasse sowie ein Gepäckabteil für den Regionalverkehr Brig–Zermatt anboten. Die Höchstgeschwindigkeit beträgt 55/30 km/h (Adhäsion/Zahnstange), und die Fahrzeuge können 90 t Anhängelast befördern. Seit Ablieferung der HGe 4/4 II findet man sie allerdings kaum mehr in Glacier-Express-Diensten.

HGe 4/4 II FO

In drei Serien erhielt die Furka–Oberalp-Bahn (FO) von 1985 bis 1990 die HGe 4/4 II Nr. 101–108, die eine Leistung von 1932 kW (2630 PS) und eine Höchstgeschwindigkeit von 90/35 km/h (Adhäsion/Zahnrad) erbringen. Eine Besonderheit besteht darin, dass bei der Talfahrt auf Zahnstangenabschnitten die Anhängelast durch Pufferdruck gemessen und die Zahnräder selektiv eingesetzt werden. Im Sommer findet man die Loks vor allem im Glacier-Express, im Winter sind sie bei Autozügen (auch als Reserve für den Basistunnel) und auf der Oberalpstrecke anzutreffen.

HGe 4/4 I FO

Für den elektrischen Betrieb beschaffte die FO von 1940 bis 1948 bzw. 1956 die 991 kW (1240 PS) starken HGe 4/4 Nr. 31–37, die jahrelang die »typische« Glacier-Express-Lok waren. Die Höchstgeschwindigkeit beträgt 55/30 km/h. Von den sechs vorhandenen Maschinen können vier eingesetzt werden, doch stellen sie die Betriebsreserve dar: zwei in Brig, eine in Andermatt, eine in Disentis. Gelegentlich trifft man die originellen, aber nicht sehr formschönen Loks vor Glacier-Express-Verstärkungszügen.

Deh 4/4 II FO

Nur ein kurzes Gastspiel beim Glacier-Express gaben die Gepäcktriebwagen der Baureihe Deh 4/4 II Nr. 91–96, die 1980–84 für Pendelzüge beschafft wurden. Vor Ablieferung der HGe 4/4 II kamen sie mit ihrer Leistung von 1032 kW (1400 PS) und der Höchstgeschwindigkeit von 60/30 km/h vor allem auf der Oberalpstrecke zum Einsatz, wenn Glacier-Express-Züge getrennt werden mussten und keine anderen Triebfahrzeuge zur Verfügung standen. Bisweilen verkehrten diese Fahrzeuge der Furka-Oberalp-Bahn als Kürzestpendel mit einem Steuerwagen.

Ge 4/4 III RhB

Vor allem wegen der steigenden Traktionsleistungen, die die Eröffnung des Vereina-Tunnels mit sich bringen würde, beschaffte die Rhätische Bahn (RhB) Ende der Achtzigerjahre die Loks der Baureihe Ge 4/4 III Nr. 641–649, zu denen sich als Nachbestellung die Nrn. 650–52 gesellten. Die Maschinen mit einer Leistung von 2400 kW (3265 PS) und einer Höchstgeschwindigkeit von 100 km/h sind – oft in Vollwerbung – auf dem ganzen Stammnetz anzutreffen und führen auch die Glacier-Express-Züge. Damit verdrängten sie die Loks Ge 6/6 II weitgehend aus diesem Dienst.

Ge 4/4 II RhB

1973 nahm die RhB die Ge 4/4 II Nr. 611–620, 1984 die 621–633 in Betrieb, deren Höchstgeschwindigkeit 90 km/h beträgt. Bei einem Gewicht von 50 t erbringen die Universalmaschinen, die auf dem ganzen Stammnetz einschließlich der umelektrifizierten Chur–Arosa-Bahn eingesetzt werden, eine Leistung von 1700 kW (2300 PS). Seit der Eröffnung des Vereina-Tunnels führen sie die verpendelten Regio-Express- und Regional-Züge. Auch dem Glacier-Express dienen sie auf seiner ganzen RhB-Strecke.

Ge 4/4 I RhB

1947 bzw. 1953 erschienen die Maschinen der Baureihe Ge 4/4 I Nr. 601–610 als erste laufachslose Loks der RhB und lösten die »Krokodile« beim Glacier-Express ab. Die Leistung betrug 1184 kW (1600 PS) und die Höchstgeschwindigkeit 80 km/h. 1986–92 erfuhren alle Maschinen eine grundlegende Modernisierung, die auch den Umbau der Führerstände einschloss. Seither sind sie mit teilweise verpendelten Zügen im Regionalverkehr auf der Oberländer und Engadiner Linie anzutreffen. Bisweilen führen sie den Bernina-Express bis Pontresina.

Ge 6/6 II RhB

Um noch leistungsfähigere Lokomotiven zu besitzen, beschaffte die Rhätische Bahn (RhB) 1958 bzw. 1965 sieben Maschinen des Typs Ge 6/6 II Nr. 701–707 mit einem geteilten Lokomotivkasten und drei gekuppelten zweiachsigen Drehgestellen. Die Leistung beträgt 1776 kW (2400 PS) bei einer maximalen Geschwindigkeit von 80 km/h. Die Universallokomotiven kamen vor allem im schweren Dienst auf der Albula-Strecke – so auch mit Glacier-Express – zum Einsatz, bis sie ab 1993 von den Ge 4/4 III aus dem Schnell- in den Güterzugdienst zurückgedrängt wurden.

Ge 6/6 I RhB

Wer bewundert sie nicht, die legendären »Krokodile« der RhB? Von den ursprünglich 15 Ge 6/6 Nr. 401–15 sind vier einsatzfähig in Landquart bzw. Samedan beheimatet: 411, 412, 414 und 415. Die Loks mit der Achsfolge C'C' erbringen eine Leistung von 882 kW (1200 PS) bei einer Höchstgeschwindigkeit von 55 km/h. Heute bilden die Veteranen, die vor allem auf der Albula-Strecke anzutreffen waren, die Betriebsreserve und kommen vor speziellen Zügen, so dem »Alpine Classic Pullman Express« zum Einsatz.

PS FO

Um den Komfort zu steigern, stellte die Furka–Oberalp-Bahn Mitte der Achtzigerjahre versuchsweise einen Panoramawagen in Dienst, den BS 4211, den man gegen einen Zuschlag von 10 Franken benutzen konnte. Das Fahrzeug wurde auf einem alten Untergestell aufgebaut und besaß Sonnenkollektoren für die Stromversorgung. Zusammen mit drei weiteren Wagen fast gleicher Bauart wurde es in AS 4011–14 umbenannt, erhielt nach Ablieferung der AS 4021-30 die Bezeichnung »PS«, wie »Prototyp«, und wurde äußerlich den AS angeglichen.

As BVZ/FO

Nachdem die vier Prototyp-Panoramawagen, die die Furka–Oberalp-Bahn (FO) Ende der Achtzigerjahre in Betrieb nahm, beim Publikum sehr guten Anklang gefunden hatten, beschaffte die FO 1992/93 zehn, die BVZ vier Panoramawagen mit 48 Plätzen 1. Klasse, die vom italienischen Designer Pininfarina entworfen wurden. Seit dieser Zeit gibt es ein rein erstklassiges Glacier-Express-Zugpaar Zermatt–Chur–St. Moritz, das von/bis Brig einen Oldtimer-Speisewagen mitführt. Im Winter setzt die BVZ zwei Panoramawagen in Pendelzügen ein.

Mitteleinstiegswagen

Aus dem Erscheinungsbild des Glacier-Express der Achtzigerjahre sind die Mitteleinstiegswagen der BVZ nicht wegzudenken. Es handelte sich um die ab 1955 beschafften Fahrzeuge 1. und 2. Klasse der verkürzten »Brünig-Bauart«. Ende der Achtzigerjahre wurden sie durch die »Einheitswagen« aus dem planmäßigen Dienst in die Verstärkungszüge für Gruppen verdrängt, heute sind sie vollständig verschwunden, versehen aber ihren Dienst zuverlässig in den Pendelzügen. Auch die FO-Mitteleinstiegswagen sind für Verstärkungsleistungen gedacht.

AB 2121 BVZ

Ab 1902 beschaffte die Brig–Visp–Zermatt-Bahn sechs Wagen B4 Nr. 13–18, die wegen ihrer soliden Ausstattung ab 1930 im Glacier-Express zum Einsatz kamen. Ab 1935 wurden sie in die dreiklassigen ABC4 Nrn. 26–29 umgebaut und später in die Wagen AB 2121–25 bzw. B 2226 umbenannt. Nach weiteren Umbauten erfolgte ab 1966 der Abbruch, und es blieb nur der AB 2121 übrig, der Mitte der Neunzigerjahre liebevoll restauriert, mit modernen Serviceanlagen ausgestattet wurde und die Bezeichnung »Premier Glacier Express 1930« erhielt.

As 1141–1144 RhB

1939 übernahm die Rhätische-Bahn (RhB) von der Montreux–Oberland Bernois-Bahn (MOB) vier Salonwagen, die seit 1964 die Bezeichnung As Nr. 1141–44 tragen. Die 20 t schweren Fahrzeuge bieten 32 Fahrgästen Platz, und zwar in einem schönen und gediegenen Ambiente. Seit einer gründlichen Restaurierung sind zwei Wagen mit einem Bremszahnrad ausgestattet, so dass sie zusammen mit dem farblich angepassten Gepäckwagen D2 Nr. 4062 auch auf den Zahnstangenabschnitten als »Alpine Classic Pullman Express« verkehren können.

WR 3810–3812 RhB

Die 1929/30 für die Albula-Strecke beschafften Speisewagen WR 3810–12 waren bis 1949 Eigentum der MITROPA und gingen danach in den Besitz der RhB über. Die mehrfach umgebauten, 25/24 t schweren Fahrzeuge bieten 34/36 Sitzplätze an. Der Innenraum wurde nostalgisch gestaltet, und das Äußere mit der königsblauen Farbgebung sticht in der Zugkomposition heraus. Zwei Wagen sind im Sommer mit den rein erstklassigen Zügen unterwegs, und ein Wagen wird dem »Alpine Classic Pullman Express« beigestellt.

WR 3815 RhB

Für den Glacier-Express beschaffte die Rhätische Bahn 1984 (als Ersatz für die alten Bernina-Speisewagen) den WR 3815, der mit einem Bremszahnrad ausgerüstet ist, was eine freizügige Einreihung in den Zugverband ermöglicht. Das 21 t schwere Fahrzeug mit einer modernen Inneneinrichtung bietet 36 Sitzplätze an und verkehrt – von den nötigen Revisionen abgesehen – im heutigen Fahrplankonzept ständig zwischen Chur und Andermatt. Bei dem an die Einheitswagen II angelehnten Fahrzeug erbrachte die RhB große Eigenleistungen.

WR 3816/17 RhB

»Jumbo« lautet der Spitzname für den längsten und größten Schmalspur-Speisewagen der Welt, der aus dem Küchenwagen mit Bremszahnrad WR 3816 und dem Saalwagen WR 3817 mit Bremszahnrad und Dachstromabnehmer besteht. Die Fahrzeuge sind fest zusammengekuppelt und bieten 24/36 Sitzplätze bei einem Gewicht von 21/18 t an. Wegen des hohen Gewichtes endet der Einsatz meist in Disentis, weil auf den Zahnstangenstrecken die Führung eines Entlastungszuges nötig würde. Oft wird der »Jumbo« noch durch Hilfsspeisewagen verstärkt.

Literatur

Die Bahnhofsspurpläne der FO und BVZ, (Furka–Oberalp-Bahn, Zermatt-Bahn, Gornergratbahn, Furka-Bergstrecke), Aachen: Schweers + Wall, 1999

Die Bahnhofsspurpläne der Rhätischen Bahn, (Stammnetz, Chur–Arosa, Bernina, Misox), Aachen: Schweers + Wall, 1997

Ralph Börret / Thomas Küstner – Der Glacier-Express, von St. Moritz nach Zermatt, Fürstenfeldbruck: Eisenbahn-Journal spezial, 3/92

Paul Caminada – Der Bau der Rhätischen Bahn, Disentis: Desertina, 2. Aufl., 1983

Wolfgang Finke / Hans Schweers – Die Fahrzeuge der Rhätischen Bahn 1889–1996, (Band 1: Personenwagen, Speisewagen, Gepäck- und Postwagen), Aachen: Schweers + Wall, 1996, (Band 3: Lokomotiven, Triebwagen, Traktoren), Aachen: Schweers + Wall, 1998

Hans Peter Häberli (u.a.) – Traumreise Glacier-Express, LOKI spezial 3 (1992)

Richard Hettlinger – Albula, Zell: Verlag der Zürcher Kantonalen Mittelstufenkonferenz, 1988

Bruno Hitz / Rudolf Weber – Erlebnis Furka–Oberalp-Bahn, Zürich/Wiesbaden: Orell Füssli, 1991

Franz Marti / Walter Trüb – Die Rhätische Bahn, Zürich: Orell Füssli, 1986

Hans-Bernhard Schönborn – Krokodile, Legende auf Schienen, München: GeraMond, 1999

Hans Schweers – Furka-Oberalp, eine Alpenbahn im Wandel, Aachen: Schweers + Wall, 1988

Hans Schweers – 55 Jahre Glacier Express, der langsamste Schnellzug der Welt, Aachen: Schweers + Wall, 1984

Theo Stolz / Dieter Schopfer, Brig-Visp-Zermatt-Bahn, Geschichte und Rollmaterial, Wabern/Zürich, 1983

Zermatt-Bahn, vom Tal zum Berg, Hrsg. Brig–Visp-Zermatt-Bahn, Visp: 1991

Dank

Unser besonderer Dank gilt dem Personal von BVZ, FO und RhB in den Bahnhöfen, Depots und Werkstätten sowie den Pressestellen, die mich in den letzten Jahren immer wieder mit wertvollen Informationen zum Thema »Glacier-Express« bedient haben. Denn ohne diese Unterstützung wären die langjährigen Recherchen manchmal nicht von Erfolg gekrönt gewesen. Allen voran möchte ich die Herren Peider Härtli und Eugen Rohner von der RhB erwähnen, die mich bei der Entstehung des Buches mit aktuellen Informationen z.B. über den »Alpine Classic Pullman Express« versorgt haben, da es diesen Zug zu diesem Zeitpunkt noch gar nicht gab. Auch die Fremdenverkehrsbüros der Orte, die an der Glacier-Express-Strecke liegen, haben mich großzügig und unverzüglich mit Informationen unterstützt. Ihnen sei an dieser Stelle ebenfalls gedankt.

Bildautoren

Roger Haueter: S. 3, 21, 40, 41 (2), 42, 73, 83, 113, 124, 135; Tibert Keller: S. 6, 8, 35, 52, 66, 73, 75, 88,92, 93, 98, 105, 115, 140, 141; Hans-Bernhard Schönborn: S. 7, 140, 142; Ronald Gohl: S. 9, 11, 26, 27, 29, 35, 43, 44, 45, 46, 48, 50, 51 (2), 53, 54, 55, 57, 58 (2), 59, 61, 72, 77, 82, 85, 87 (2), 89, 91, 94, 97 (2), 104, 106, 108, 111, 123 (2), 126, 128, 129, 130, 131, 132, 134, 136, 137,138 (3), 139 (3), 140, 141, 142; BVZ-Zermattbahn: S. 10, 30, 33; Rhätische Bahn: S. 11, 13, 14, 86, 101, 109, 116, 118, 119 (2), 135; Archiv BVZ: S. 12; Georg Wagner: S. 14, 15, 62, 63, 68, 80, 81, 84, Thomas Küstner: S. 16, 17, 36, 37, 38, 39, 76, 78, 79, 114, 120, 122, 126; Dietmar Beckmann: S. 18, 19; Beat Bruhin: S. 20, 22; Vally Gohl: S. 23 (2), 24, 25, 26, 28, 47, 49, 67, 76, 95, 101, 125, 137, 141; Visp Tourismus: S. 31, 33; Grächen Tourismus: S. 32; Lonza: S. 34; Sedrun Tourismus: S. 43; FO: S. 45, 70, 82; Bruno Hitz: S. 49, 74, 112, 137, 142; Euroraft: S. 56, 90; André Dähler: S. 60; Peter Kronenberg: S. 65; DFB /Hans W. Beyeler: S. 64; Schweiz Tourismus: S. 68, 69; SMLG. Lan: S. 71 (2), 117 (2); Wolfgang Bley: S. 88, 98, 100, 102, 103, 133; Chur Tourismus: S. 95; Kurverein Arosa: S. 96, 99; Davos Tourismus: S. 103; Bernhard Kobler: S. 106, 110; C. Guler: S. 107; Verkehrsverein Bergün: S. 121; Kurverein St. Moritz: S. 127, 129, 130; Ralph Bernet: S. 64; Disentis Sedrun Marketing: S.75; Brig Tourismus: S. 34